传统农区工业化与社会转型丛书

传统农区工业化与社会转型丛书

丛书主编/耿明斋

金融不稳定条件下的
中国金融改革分析

纪鸿超 著

The Analysis of Financial
Reform with the Financial
Instability Theory

社会科学文献出版社
SOCIAL SCIENCES ACADEMIC PRESS (CHINA)

　　本项研究与著作撰写出版得到了中原发展研究基金会、新型城镇化与中原经济区建设河南省协同创新中心、河南省高等学校人文社会科学重点研究基地中原发展研究院、河南省高校新型智库建设以及河南省发展和改革委员会与财政厅政府购买服务项目的资助。

　　如果不考虑以渔猎、采集为生的蒙昧状态，人类社会以 18 世纪下半叶英国产业革命为界，明显地可分为前后两个截然不同的阶段，即传统的农耕与乡村文明社会、现代的工业与城市文明社会。自那时起，由前一阶段向后一阶段的转换，或者说社会的现代化转型，已成为不可逆转的历史潮流。全世界几乎所有的国家和地区都曾经历或正在经历从传统农耕与乡村文明社会向现代工业与城市文明社会转型的过程。中国社会的现代化转型可以追溯到 19 世纪下半叶的洋务运动，然而，随后近百年的社会动荡严重阻滞了中国社会全面的现代化转型进程。

　　中国真正大规模和全面的社会转型以改革开放为起点，农区工业化潮流是最强大的推动力。正是珠三角、长三角广大农村地区工业的蓬勃发展，才将越来越广大的地区和越来越多的人口纳入工业和城市文明发展的轨道，并成就了中国"世界工厂"的美名。然而，农耕历史最久、农耕文化及社会结构积淀最深、地域面积最大、农村人口最集中的传统平原农区，却又是工业化发展和社会转型最滞后的地区。显然，如果此类区域的工业化和社会转型问题不解决，整个中国的现代化转型就不可能完成。因此，传统平原农区的工业化及社会转型问题无疑是当前中国最迫切需要研究解决的重大问题之一。

使我们对传统农区工业化与社会转型问题产生巨大兴趣并促使我们将该问题锁定为长期研究对象的主要因素，有如下三点。

一是关于工业化和社会发展的认识。记得五年前，我们为申请教育部人文社科重点研究基地而准备一个有关农区工业化的课题论证时，一位权威专家就对农区工业化的提法提出了异议，说"农区就是要搞农业，农区的任务是锁定种植业的产业结构并实现农业的现代化，农区工业化是个悖论"。两年前我们组织博士论文开题论证时，又有专家提出了同样的问题。其实对这样的问题，我们自己早就专门著文讨论过，但是，一再提出的疑问还是迫使我们对此问题做更深入的思考。事实上，如前所述，从社会转型的源头上说，最初的工业都是从农业中长出来的，所以，最初的工业化都是农区工业化，包括18世纪英国的产业革命，这是其一。其二，中国20世纪80年代初开始的大规模工业化就是从农区开始的，所谓的苏南模式、温州模式不都是农区工业发展的模式么？现在已成珠三角核心工业区的东莞市30年前还是典型的农业大县，为什么现在尚未实现工业化的农区就不能搞工业化了呢？其三，也是最重要的，工业化是一个社会现代化的过程，而社会的核心是人，所以工业化的核心问题是人的现代化，一个区域只有经过工业化的洗礼，这个区域的人才能由传统向现代转化，你不允许传统农区搞工业化，那不就意味着你不允许此类地区的人进入现代人的序列么？这无论如何也是说不过去的。当然，我们也知道，那些反对农区搞工业化的专家是从产业的区域分工格局来讨论问题的，但是要知道，这样的区域分工格局要经过工业化的洗礼才会形成，而不能通过阻止某一区域的工业化而人为地将其固化为某一特定产业区域类型。其四,反对农区工业化的人往往曲解了农区工业化的丰富内涵,似乎农区工业化就是在农田里建工厂。其实,农区工业化即使包含着在农区建工厂的内容,那也是指在更广大的农区的某些空间点上建工厂,并不意味着所有农田都要变成工厂,也就是说,农区工业化并不意味着一定会损害乃至替代农业的发展。农区工业化最重要的意义是将占人口比例最大的农民卷入社会现代化潮流。不能将传统农区农民这一占人口比例最大的群体排除在中国社会的现代化进程之外,这是我们关于工业化和社会发展的基本认识,也是我们高度重视传统农区工业化问题的基本原因之一。

二是对工业化发生及文明转换原因和秩序的认识。从全球的角度看,现代工业和社会转型的起点在英国。过去我们有一种主流的、被不断强化的认识,即中国社会历史发展的逻辑进程与其他地方——比如说欧洲应该是一样的,也要由封建社会进入资本主义社会,虽然某一社会发展阶段的时间起点不一定完全一致。于是就有了资本主义萌芽说,即中国早在明清乃至宋代就有了资本主义萌芽,且迟早要长出资本主义的大树。这种观点用另一种语言来表述就是:即使没有欧洲的影响,中国也会爆发产业革命,发展出现代工业体系。近年来,随着对该问题研究的深入,提出并试图回答类似"李约瑟之谜"的下述问题越来越让人们感兴趣,即在现代化开启之前的 1000 多年中,中国科学技术都走在世界前列,为什么现代化开启以来的最近 500 年,中国却远远落在了西方的后面?与工业革命联系起来,这个问题自然就转换为:为什么产业革命爆发于欧洲而不是中国?虽然讨论仍如火如荼,然而一个无可争议的事实是:中国的确没有爆发产业革命,中国的现代工业是由西方输入的,或者说是从西方学的。这一事实决定了中国工业化的空间秩序必然从受西方工业文明影响最早的沿海地区逐渐向内陆地区推进,不管是 19 世纪下半叶洋务运动开启的旧的工业化，还是20世纪80年代开启的新一轮工业化，都不例外。现代工业诞生的基础和工业化在中国演变的这一空间秩序，意味着外来的现代工业生产方式和与此相应的经济社会结构在替代中国固有的传统农业生产方式和相应的经济社会结构的过程中，一定包含着前者对后者的改造和剧烈的冲突。而传统农耕文明历史最久、经济社会乃至文化结构积淀最深的传统农区，一定也是现代工业化难度最大、遇到障碍最多的区域。所以，将传统农区工业化进程作为研究对象，或许更容易发现两种不同文明结构的差异及冲突、改造、替代的本质和规律，从而使得该项研究更具理论和思想价值。

三是对我们所处的研究工作环境和知识积累的认识。我们中的很多人都来自农民家庭，我自己甚至有一段当农民的经历，我们工作的河南省又是全国第一人口大省和第一农民大省，截至2008年末，其城市化率也才不到40%，也就是说，在将近1亿人口中，有近7000万人是农民，所以，我们对农民、农业、农村的情况非常熟悉，研究农区问题，我们最容易获得第一手资料。同时，我们这些土生土长的农区人，对该区域的现代化进程最为关注，也有着最为强烈的社会责任感，因此，研究农区问题我们最有动力。还有，在众多的不断变化的热点经济社会问题吸引相当多有抱负的经济学人的情况下，对事关整个中国现代化进程的传统农区工业化和社会转型问题进行一些深入思考可能是我们的比较优势。

我个人将研究兴趣聚焦到农区工业化上来始于20世纪90年代中期，进入21世纪以来，该项研究占了我越来越多的精力和时间。随着实地调查机会的增多，进入视野的令人感兴趣的问题也越来越多。与该项研究相关的国家社科基金重点项目、一般项目以及教育部基地重大项目的相继立项，使研究的压力也越来越大。值得欣慰的是，该项研究的意义越来越为更多的学者和博士生及博士后研究人员所认可，研究队伍也越来越大，展开的面也越来越宽，研究的问题也越来越深入和具体。尤其值得一提的是日本大学的村上直树教授，他以其丰厚的学识和先进的研究方法，将中国中原地区的工业化作为自己重要的研究方向，且已经取得了重要进展，并打算与我们长期合作，这给了我们很大的鼓舞。

总之，研究对象与研究领域已经初步锁定，研究队伍已聚集起来，课题研究平台在不断拓展，若干研究也有了相应的进展。今后，我们要做的是对相关的研究方向和研究课题做进一步的提炼，对研究队伍进行优化整合，对文献进行更系统的批判和梳理，做更多的实地调查，力争从多角度来回答若干重要问题，比如：在传统农业基础上工业化发生、发育的基础和条件是什么？工业化究竟能不能在传统农业的基础上内生？外部的因素对传统农区工业化的推进究竟起着什么样的作用？从创业者和企业的行为方式看，工业企业成长和空间演进的轨迹是怎样的？在工业化背景下，农户的行为方式会发生怎样的变化，这种变化对工业化进程又会产生怎样的影响？县、乡等基层政府在工业化进程中究竟应该扮演何种角色？人口流动的方向、方式和人口居住空间结构调整演进的基本趋势是什么？这是一系列颇具争议但又很有研讨价值的问题。我们将尝试弄清楚随着工业化的推进，传统农业和乡村文明的经济社会结构逐步被破坏、被改造、被替代，以及与现代工业和城市文明相适应的经济社会结构逐步形成的整个过程。

按照目前的打算，今后相当长一个时期内，我们的研究都不可能离开传统农区工业化与社会转型这一领域，我们也期望近期在若干主要专题上能有所突破，并取得相应的研究成果。为了将所有相关成果聚集到一起，以便让读者了解到我们所研究问题的全貌，我们决定编辑出版"传统农区工业化与社会转型丛书"。我们希望，随着研究的推进，每年能拿出三到五本书的相关成果，经过 3 ~ 5 年，能形成十几乃至二十本书的丛书规模。

感谢社会科学文献出版社原总编辑邹东涛教授，感谢该社皮书出版分社的邓泳红社长，以及所有参与编辑该套丛书的人员，是他们敏锐的洞察力、强烈的社会责任感、极大的工作热情和一丝不苟的敬业精神，促成了该套丛书的迅速立项，并使出版工作得以顺利推进。

耿明斋

2009 年 6 月 14 日

◀ 前　言

　　2007 年的次贷危机引发了全球性经济危机，造成了严重损失。这次危机的爆发引起了人们对明斯基的金融不稳定假说的研究兴趣。可以说，金融不稳定是伴随着金融活动产生的，是金融的内在特征。人们从各种角度研究金融的不稳定特征，有些学者，比如，金德尔伯格（Kindleberger，1978）、戴蒙德和迪布维格（Diamond and Dybvig，1983）、明斯基（Minsky，1992）等从恐慌和微观经济主体财务变化以及与经济周期联动出发研究金融不稳定的特征。有些学者，比如，斯蒂格利茨和威斯（Stiglitz and Weiss，1981）、米什金（Mishkin，1991）等从宏观角度出发，指出金融不稳定是由信息不对称和道德风险造成的金融的内在特征。对于这次危机，人们在利用传统的金融不稳定假说进行分析之外，还指出金融的过度创新和政府部门的放松监管是引发这次危机的重要原因。金融的过度创新是一把"双刃剑"，一方面促进了资本有效配置，增加了市场中的流动性，分散了风险；另一方面随着金融创新的过度发展，风险越来越分散，但是在分散和转移的过程中，会产生额外的风险，随着时间的推移，风险会越来越多。在金融的过度创新积聚了过多的风险之后，政府的相关职能部门监管并没有及时跟进，会进一步放松监管。金融的过度创新和政府部门的放松监管结合起来，导致次贷危机爆发。

金融创新有利于经济发展，但是过犹不及。脱离了适度管制的金融创新犹如脱缰的野马，在拉动经济增长的同时，也有可能使经济陷入泥潭。中国正处于经济转型关键时期，党的十八届三中全会通过的《中共中央关于全面深化改革若干重大问题的决定》指出，"经济体制改革是全面深化改革的重点，核心问题是处理好政府和市场的关系，使市场在资源配置中起决定性作用和更好发挥政府作用"。从这里可以看出，中国以后的改革还是以市场化改革为主，并且在改革过程中要发挥政府作用。从金融角度来说，中国的金融改革主要还是市场化改革，与此同时，政府并不会退出金融领域，要处理好政府和市场的关系，原则是要"使市场在资源配置中起决定性作用和更好发挥政府作用"。利率市场化改革的目的是发挥利率在金融市场的决定作用，而资产证券化作为金融创新的重要种类，从2005年开始也在中国进行试点，虽然2007年暂停，但是可以预期的是资产证券化在中国会得到全面发展。前面已经提到次贷危机的一个很重要的诱发因素就是金融过度创新。那么，中国的金融改革又该如何进行，改革的逻辑是什么，值得我们探讨。本书主要研究思路是在金融不稳定的条件下研究中国的金融改革。

首先，本书阐述了金融不稳定的含义、表现和原因。金融不稳定的定义很多，学者、政府机构等从不同的角度进行了定义。本书认为，金融不稳定是金融体系内生的一种特征和状态，在这种状态下，一个外部冲击会推动金融体系爆发金融危机。而金融危机则可以看作金融不稳定状态由量变到质变的一个转换。有鉴于此，本文梳理了历史上的金融危机事件，从中可以发现，金融危机在很大程度上是因为某些事件助长了人们的投机行为，累积到一定程度后，在人群当中形成恐慌。在这个过程中，政府并没有适时介入，进行管制，人们的恐慌情绪就将原本脆弱或者说不稳定的金融状态推向了金融危机。随后，从理论角度梳理了学者们对金融不稳定的研究。测度了中国的金融稳定状况指数，并且将中国的金融稳定状况和中国经济波动状况进行了综合分析，结果发现，2005~2013年，中国大概有15%的时间处于极度金融不稳定状态，主要集中在2007~2008年，次贷危机以后，中国的宏观调控政策效果较好，金融不稳定程度呈现下降态势，但是以货币相关变量为主要因素的货币状况指数呈现上升态势，这或许与中国的以投资拉动经济的调控政策有关。之后又分析中国在东亚经济体中的作用，实证结果表明，中国对东亚经济的影响越来越大，而且除了日本以外，在经济上受东亚国家的影响相对较弱。不仅如此，鉴于中国货币状况指数呈现上升态势，本书还对金融稳定和货币稳定的关系进行分析，金融稳定和货币稳定之间存在复杂的关系，利用中国的数据实证发现，利率对维持货币稳定和金融稳定具有重要作用，但是由于中国的利率并没有实现完全的市场化，因此，在中国的货币调控手段当中，利率并没有像其他发达国家那样成为主要手段。中国的货币调控更多的还是采用基于货币供应量调控的行政手段。中国以后的改革是更深层次、全方位的市场化改革，金融领域的改革也不例外，而首先的就是利率市场化改革。

本书从制度经济学的角度分析中国金融改革的逻辑，指出中国的金融改革是利益集团、政治银行家和普通民众的博弈。在普通民众不知道自己的类型或者不知道改革对自己的收益时，只有符合绝大多数人利益的改革才能进行。随着改革的进行，当信息逐渐明确之后，需要对改革当中的受损者进行补偿，才能保证改革的顺利进行。

对于中国的金融改革实践，主要选取了利率市场化和资产证券化作为例子进行分析。中国金融改革是市场化改革，"使市场在资源配置中起决定性作用"。在金融市场中，利率可以说是金融资本的价格，是资源配置的基础，市场化改革就是要发挥利率在金融资本配置中的决定性作用，因此利率市场化改革是金融改革的关键一环。前面在论述金融不稳定时曾经说过过度创新是诱发金融危机的重要因素，作为一把"双刃剑"，创新也可以促进经济的增长。在目前的中国，金融领域创新莫过于资产证券化，因此需要对资产证券化进行研究。本书利用两章分析了利率市场化和资产证券化。对于利率市场化的分析，首先利用戴蒙德模型分析了利率市场化改革的效应，然后梳理了利率市场化改革的国际经验以及利率市场化改革后政府的职能转变。对于资产证券化的分析，首先回顾了中国资产证券化的发展历程，然后简要分析资产证券化对经济增长、金融不稳定等方面的影响。本文一直强调金融过度创新和政府的放松监管是诱使金融不稳定转向金融危机的重要因素，因此在分析了利率市场化和资产证券化等金融创新之后，还需要对金融不稳定的治理或者说政府行为进行分析。本书第八章从金融监管制度和存款保险制度两方面梳理美国的发展经验，并且根据中国的具体情况，认为中国需要采取宏观审慎监管和混业监管，建立政府相关职能部门、立法机构和公众三方互动参与的存款保险制度。

本书主要结论有以下方面。第一，2005～2013年，中国大概有15%的时间处于极度的金融不稳定状态，主要集中在2007～2008年，次贷危机以后，中国的宏观调控政策效果较好，金融不稳定程度呈现下降态势，但是以货币相关变量为主要因素的货币状况指数呈现上升态势。第二，中国金融改革是利益集团、政治银行家和普通民众的博弈。在普通民众不知道自己的类型或者不知道改革对自己的收益时，只有符合绝大多数人利益的改革才能进行。随着改革的进行，当信息逐渐明确之后，需要对改革当中的受损者进行补偿，才能保证改革的顺利进行。第三，利率市场化改革的效果，尤其是对储蓄率的影响，与风险规避系数和养老金制度有关。而对其他国家的利率市场化改革经验进行分析发现，市场驱动型和政府主导渐进型改革的效果较好，值得中国借鉴。第四，金融改革不仅是金融领域的改革，还需要政府、企业、民众等的全方位的改革。借鉴美国经验可以发现，中国需要进行宏观审慎监管改革以及建立政府相关职能部门、立法机构和民众三方互动的全方位存款保险制度。

目 录

Contents

第一章　导言

　　金融活动是人类最重要的活动之一，已经渗透到人们生活的方方面面。原始时期，货币的出现极大地简化了交易行为，扩展了人们的生活空间；经济也得到迅速发展。随着以信用为基础的纸质货币的出现，金融活动开始频繁发生。与此同时，金融不稳定现象也开始出现。从17世纪的荷兰郁金香泡沫到2007年美国次贷危机以及随后的欧债危机，金融不稳定一直存在，金融危机也频繁发生。根据Borio和Drehanmann（2009）的定义，金融危机是一个事件，在这个事件中，金融制度的失灵会引起或威胁到实际经济的资源错配。而金融不稳定则是一种状态，在这种状态中，一个标准规模的冲击可以推动金融体系爆发金融危机。对金融不稳定的产生和金融危机的爆发的原因分析有很多，但可以归结为微观和宏观两类。微观层面主要是从恐慌和微观经济主体的财务变化与经济周期的联动进行分析，比如，Kindleberger（1978）、Diamond和Dybvig（1983）、Minsky（1992）等。宏观层面主要是从信息不对称、道德风险和冲击角度来进行分析，主要有Stiglitz和Weiss（1981）、Kaminsky和Reinhart（1999）、John Taylor（2009）等。除了这些对金融危机的基本分析外，各国学者针对2007年次贷危机的分析表明，金融过度创新和放松监管是发生这次危机的重要原因。具体来说有以下四个方面。第一，过度借贷、风险投资和透明度不足。在危机爆发前，金融机构和家庭都最大限度地进行借贷，而且杠杆率都过高，不完善的披露机制又将这些问题隐藏起来，直至最终爆发。第二，场外交易金融衍生品对这次危机的爆发产生了重要影响，信用违约互换等各种金融创新对金融风险的累积和爆发具有不可忽视的影响。第三，相关信用评级机构的失误。信用评级机构的不负责任的行为加剧了金融衍生品的膨胀。第四，金融调控和监管的缺失。政府在面对这些金融创新的时候，没有及时跟进，采取相应的监管措施，导致风险不断膨胀，而且在风险爆发的初期，缺乏及时有效的应对措施，加剧了金融市场的恐慌和不稳定。

次贷危机对美国经济乃至全球经济都产生了重要影响，应该注意的是，金融创新在造成金融风险的同时，也促进了金融的发展和经济的增长，可以说，金融创新是把"双刃剑"。中国目前的经济状况决定了中国必须进行深层次、全方位的市场化改革。作为影响经济运行的最重要的行业，金融改革势在必行。进行市场化改革就要鼓励金融创新，放松政府干预，鉴于美国次贷危机的经验，如何在鼓励创新和进行市场化改革的同时，处理这一过程产生的金融风险是一个值得研究的问题。本书安排如下。

第一章是导言。对本文的整体框架进行梳理。

第二章是金融不稳定的起源分析。首先从历史的角度对金融不稳定和金融危机历史进行梳理，然后对相关学者的研究进行文献梳理。

第三章和第四章分别是中国金融不稳定状况分析。在分析了金融不稳定的现象和原因之后，结合相关的理论和中国的数据，测度了中国的金融不稳定状况，并且与中国的经济波动乃至东亚地区的经济波动联系起来进行分析。

第五章利用制度经济学理论分析了中国金融改革的逻辑。具体而言，是将金融看作一种产权跨时交易行为，结合利益集团理论进行分析。分析结果认为只有符合绝大多数人的利益，改革才能顺利进行。当以普通民众为代表的投资集团成员不了解自己的类型或者改革对自身的影响时，在改革初期，如果改革能够促进投资集团的整体利益，改革是能够顺利进行的，但是随着时间的推移，当成员得知自己类型时，需要对受损的民众进行补偿才能保证改革的顺利进行。对中国金融改革进行理论分析后，以利率市场化和资产证券化为例，分析了中国金融改革的实践。

　　第六章主要是对利率市场化改革进行分析。首先在人口老龄化的背景下对利率市场化改革的效应进行分析。结果发现利率市场化改革的效果与风险规避系数和相关的养老保险制度有重要联系。理论分析后，梳理了世界上主要国家的利率市场化改革进程，发现，以美国、德国为代表的市场驱动型改革和以韩国、日本为代表的政府主导渐进式改革能够稳定预期，对金融不稳定的影响较小。而以阿根廷和俄罗斯为代表的政府主导激进式改革则在改革的初期造成了经济的动荡。可以发现改革路径的选择对经济稳定具有重要影响，与此同时，利率市场化改革是经济发展到一定阶段的自发需求，进行改革的时机选择很重要。改革需要在宏观经济运行较为稳定、法律体系健全环境下进行，只有这样才能避免经济动荡和金融恐慌。针对中国的情况，发现中国需要采取政府主导的渐进式改革，同时需要建立存款保险等相关的制度，在宏观经济运行较为稳定、国外冲击影响较小的情况下，才能进行深层次的利率市场化改革。紧接着对利率市场化改革之后政府的职能转换进行了理论分析。

　　第七章是对资产证券化进行分析。梳理了中国资产证券化的发展历程，主要是对信贷资产证券化进行分析，并对资产证券化效应进行了理论分析。中国信贷资产证券化从 2005 年开始，与国外不同的是，主要是由中国人民银行和银监会主导。资产证券化对经济具有双重影响，一方面提高了资本的配置效率，增加了金融系统的流动性，分散了金融风险。但是另一方面分散风险是将风险在时间和主体层面进行转移，并没有消除风险，而且风险转移过程中又产生了新的风险，这样使金融系统积累了过多的风险，加剧了金融不稳定状态。

第八章是金融不稳定的国际治理经验分析。主要以美国为例，从金融监管和存款保险两个角度进行分析，得出对中国金融不稳定治理的一些启示。通过分析认为，中国要进行宏观审慎监管和混业监管改革，同时要建立政府相关职能部门、立法机构和公众三方互动参与的存款保险制度。

第九章是结论。

本书的创新点包括如下几点。第一，与以往采取指标分析方法不同，本书采用因子分析方法，构建了金融稳定状况指数，避免了指标权重选取的主观性问题。同时将金融不稳定状况与经济波动状况结合起来进行分析，为中国宏观调控政策的制定和实施提供了建议。第二，从利益集团理论出发，将金融看作产权跨时交易行为，采用政治银行家的概念分析了中国的金融改革。第三，结合老龄化因素，利用戴蒙德模型，分析了中国利率市场化改革的效应。第四，利用案例分析法，梳理了国际上主要国家利率市场化改革的历程，以及对金融不稳定的治理经验，同时回顾了中国利率市场化改革和资产证券化改革的历程，将两者结合起来，并对中国金融改革提出建议。

第二章　金融不稳定起源分析

一　金融危机历史概述

金融是指资金的融通。大到国家货币的发行，小到一个公司的借贷都可以算作金融的范畴。货币的发行是伴随着国家的出现而产生的，最初国家是以金银等贵金属为货币进行流通的，货币中金银的含量成为衡量货币价值的主要手段。在这种情形下，不容易发生较大的金融不稳定，如果货币的面值高于货币中的金银价值，人们就会将越来越多的金银熔为货币，如果货币的面值低于货币中的金银价值，人们就会将货币熔为金银收藏，通过这样的自动调节来稳定社会的价格水平。随着经济的发展，人们对资金的需求量越来越大，世界的金银存量越来越不能满足人们的需要，以国家信用为担保的法币开始出现。随着法币的发行，各种投机活动开始逐渐出现。投机往往要经历两大阶段。第一个阶段是理性投资阶段，居民、企业、投资者或者其他主体对外部冲击的反应是有限的、理性的。第二个阶段，资本收益起主导作用，各种主体的行为变得激进和非理性。

17世纪荷兰发生的郁金香泡沫是人类历史上有记载的最早的投机活动。17世纪30年代，荷兰人培育出一些较为独特的郁金香品种，由于郁金香的典雅高贵，王宫贵族和富豪开始争相购买这些稀奇的郁金香。随着郁金香的需求量越来越大，人们开始脱离了最初的购买目的，开始争相囤积郁金香。到了1636年10月，不仅珍贵品种的郁金香价格被抬高，几乎所有郁金香的价格都飞涨不已。在这个过程当中，郁金香的生产特点导致了期货交易雏形的出现。1636年底，荷兰郁金香市场不仅买卖已经收获的郁金香球茎，而且提前买卖1637年收获的郁金香球茎。而郁金香的交易市场则由1634年商人们成立的类似产业行会的组织所控制，这样使交易相对集中，交易成本较低，而且交易信息流通迅速。该交易市场上没有明确的规则，对交易双方也没有具体的约束，郁金香的合同很容易买进之后迅速卖出，在很短的时间内易手，频繁的买空卖空使郁金香的价格越来越高。价格太高不仅吸引了国内商人的投资，而且将大量的资金从欧洲聚集到荷兰，外国资本的进入进一步加剧了郁金香价格的抬升。1636年12月到1637年1月，所有郁金香的价格迅速提高。以一种稀有品种Gouda为例，1634年底，它的价格为每盎司1.5基尔德，到1636年下半年为每盎司2基尔德。但是在经历了疯狂的投机之后，在1636年11月涨到了7基尔德，随后跌到了1.5基尔德，在12月12日又猛涨到11基尔德，1637年之后又跌到了5.5基尔德。价格的剧烈波动吸引了大量的投机者，到了1637年1月29日，价格又涨到了14基尔德。数次大起大落也造就了巨大的超额利润，同时使人们开始脱离最初的目的，行为变得越来越激进和非理性，开始进入投机的第二阶段。1637年1月，连最普通的郁金香品种的价格都上涨了25倍。但是到1637年2月，郁金香的交货时间快到了，倒卖的投机商人们开始意识到问题的严重性，信心开始动摇，人们开始争相抛售郁金香合同，泡沫开始崩溃，郁金香市场变得越来越混乱。到1637年4月27日，荷兰政府决定终止所有的郁金香合同。一年之后，荷兰政府通过一项决定，允许郁金香的最终买主在支付合同价格的3.5%之后终止合同。按照这一规定，如果郁金香合同最终持有者支付了全款，他将损失96.5%；如果没有付款，那么只需要支付3.5%，合同卖家又损失了96.5%。不管怎样，荷兰的郁金香市场一蹶不振。

虽然荷兰的郁金香泡沫是残酷的，但是人们并没有收敛投机行为，相反由于各种各样的新的金融手段的出现，危机越来越频繁，规模也越来越大，范围越来越广。其实郁金香泡沫之后不久，英国和法国就分别发生了南海泡沫事件和密西西比泡沫事件。1720年发生的这两次危机是联系在一起的。这两个支持狂热投机的国家实行了货币扩张，导致了这两次泡沫的发生。投机始于南海公司股票和英格兰索沃德银行股票，同时也始于密西西比公司股票和法国约翰·罗银行股票，然后迅速蔓延至其他企业、商品和土地，但大多数是欺诈性的。由于试图压制竞争性投机，英国的南海公司被拖下马来，并根据1720年6月泡沫法案起诉了约克建筑公司、丝绸公司和威尔士铜业公司，结果是自食其果。该阶段投机从一个对象扩散至另一个对象，导致价格普遍上涨。与此同时，具有前瞻性眼光的投机者将从南海股票中赚取的利润迅速变换为现金，转向购买银行和保险公司股票或者乡间别墅股票。因此，当土地价格开始随南海公司股票价格变动时，几个市场就紧密联系在一起了。法国也出现了类似情形，成功的投机者于1719年秋开始将利润从密西西比泡沫中抽出，土地价格开始上涨，国家的投机由于资金流动而联系在一起。

随着经济发展，危机的影响不仅局限在一个国家，而且开始逐渐向世界蔓延。1763年的危机主要涉及荷兰、汉堡、普鲁士和斯堪的纳维亚，同时还有伦敦。阿姆斯特丹曾是向英国盟友支付资金的集散地，当时的荷兰既投资于英国政府股票，又投资于通融汇票链，导致了信贷扩张，而德纽夫尔正是利用通融汇票链在极少资金的基础上构建了一个庞大的融资大厦，并向斯德哥尔摩、汉堡、不莱梅、雷兹伯格、阿尔托那、纽贝克、哥本哈根和圣彼得堡的商品交易所开具了大量票据。除通融汇票外，在阿姆斯特丹流通的还有根据商品运输安全开具的大量票据。商品价格下跌时，尤其是食糖价格下跌时，票据得不到支付，从而产生了支付危机。最终伦敦拯救了阿姆斯特丹，并通过这次拯救行动在荷兰贸易中占据了相当比重，在向斯堪的纳维亚和俄罗斯融资中也占据了相当比重。之后全球又发生了多次危机（见表 2-1）。

表 2-1　金融危机的历史

时间	国家和地区	投机性事件	投机高峰期	危机崩溃期	最后贷款人
1636 年	荷兰	郁金香	1637 年 2 月	1637 年 2 月	无
1719 年	法国	密西西比公司、兴业银行、皇家银行	1719 年 12 月	1720 年 5 月	无
1720 年	英国	南海公司股票、政府债务	1720 年 4 月	1720 年 9 月	英格兰银行
1763 年	荷兰	商品、通融票据融资	1763 年 1 月	1763 年 9 月	英格兰银行
1772 年	英国	房地产、运河、公路	1772 年 6 月	1773 年 1 月	英格兰银行
1773 年	荷兰	东印度公司	1772 年 6 月	1773 年 1 月	阿姆斯特丹市
1793 年	英国	运河	1792 年 11 月	1793 年 2 月	财政票据
1797 年	英国	证券、运河	1796 年	1797 年 2~6 月	财政票据
1799 年	德国	商品、通融票据融资	1799 年	1799 年 8 月-11 月	海军票据
1810 年	英国	出口（巴西和斯堪的纳维亚地区）	1809 年	1810 年、1811 年 1 月	财政票据
1815 年	英国	出口（美国）	1815 年	1816 年	无

续表

时间	国家和地区	投机性事件	投机高峰期	危机崩溃期	最后贷款人
1819 年	美国	制造业	1818 年 8 月	1818 年 11 月到 1819 年 6 月	财政部货币存款
1825 年	英国	拉美债券、矿产和棉花	1825 年初	1825 年 12 月	英格兰银行
1828 年	法国	运河、棉花和建筑	—	1827 年 12 月	巴黎、巴塞尔的银行
1836 年	英国	棉花和铁路	1836 年 4 月	1836 年 12 月	法兰西银行
1837 年	美国	棉花、土地	1836 年 11 月	1837 年 9 月	—
1837 年	法国	棉花、建筑地	1836 年 11 月	1837 年 6 月	—
1847 年	英国	铁路、小麦	1847 年 1 月	1848 年 3 月	暂停实行 1844 年《银行法》
1848 年	欧洲大陆	铁路、小麦、建筑地	1848 年 3 月	1848 年 4 月	英格兰银行对法兰西银行的贷款、俄罗斯购买法国的公债
1857 年	美国	铁路、公共土地	1856 年	1857 年 8 月	资金从英国流入
1857 年	英国	铁路、小麦	1856 年	1857 年 10 月	暂停实行 1844 年《银行法》
1857 年	欧洲大陆	铁路、重工业	1856 年	1857 年 11 月	
1864 年	法国	棉花、一般船运公司	1863 年	1864 年 1 月	延长票据期限
1866 年	英国、意大利	棉花、一般船运公司	1865 年 5 月	1866 年 5 月	暂停实行《银行法》，意大利取消固定平价制度
1873 年	德国、奥地利	建筑工地、铁路、证券、商品	1872 年秋	1873 年 5 月	无
1873 年	美国	铁路、工地、芝加哥大桥	1873 年 3 月	1873 年 9 月	无

时间	国家和地区	投机性事件	投机高峰期	危机崩溃期	最后贷款人
1882 年	法国	新银行股票	1881 年 12 月	1882 年 1 月	巴黎银行的有限帮助
1890 年	英国	阿根廷证券	1890 年 8 月	1890 年 11 月	巴林债务担保，法兰西银行，俄罗斯对英国的黄金贷款
1893 年	美国	金银	1892 年 12 月	1893 年 5 月	1893 年取消《谢尔曼白银法》
1893 年	奥地利	土地	1891 年	1893 年春	无
1907 年	美国	咖啡、联合太平洋公司	1907 年初	1907 年 10 月	从英国流入资金
1907 年	法国、意大利	银行的工业信贷	1906 年 3 月	1907 年 8 月	意大利银行
1920 年	英国、美国	证券、船舶、商品库存	1920 年夏	1921 年春	无
1929 年	美国	股票抵押买卖	1929 年 9 月	1929 年 10 月	纽约联邦储备银行公开市场操作
1929 年	欧洲大陆	美国借贷	1929 年	奥地利 1931 年 5 月，德国 1931 年 6 月，英国 1931 年 9 月，日本 1931 年 12 月，美国 1933 年 3 月	—
20 世纪五六十年代	世界	外汇		法国 1958 年，加拿大 1962 年，意大利 1963 年，英国 1964 年，法国 1968 年，美国 1973 年	国际清算银行的掉期网
1974 年	世界	股票、房地产投资公司、办公建筑、游轮等	1973 年	1974 ~ 1975 年	国际清算银行的掉期网

时间	国家和地区	投机性事件	投机高峰期	危机崩溃期	最后贷款人
1980 年	世界	第三世界银团贷款，房地产、美元	1979 年	1979 年美元，1979 年农场，1980 年石油，1982 年第三世界债务	国际货币基金组织，纽约联邦储备银行，美国政府农场贷款银行委员会
1982 年	美国	股票、住宅、办公楼、美元	1985 年美元，1987 年股票，1987 年房地产	1992 年	纽约联邦储备银行，联邦存款保险公司，联邦储贷保险公司，掉期
1990 年	日本	股票、房地产	1989 年上半年	1990 年 1 月	大藏省，日本银行
1994 年	墨西哥	股票	1994 年	1995 年	美国稳定基金，国际货币基金组织
1997 年	东亚	外汇、房地产	1997 年	1998 年	国际货币基金组织，世界银行
1997 年	俄罗斯	资本充足率低的银行	1996 年	1997 年 8 月	纽约联邦储备银行
2000 年	世界	互联网和科技股票	2000 年 3 月	2001 年	—
2001 年	阿根廷	政府支出	2000 年 8 月	2002 年 6 月	国际货币基金组织
2007 年	美国	次级贷款、房地产	2007 年 8 月	—	美国联邦储备银行
2009 年	欧洲	政府债务	2009 年 12 月	—	欧洲中央银行

资料来源：根据《疯狂、惊恐和崩溃：金融危机史》（第四版）整理得到。

通过对这些金融危机事件的梳理，可以发现金融危机的爆发流程。在刚开始的时候，经济当中出现了创新，促进了经济增长，人们从创新中获得利益。随后开始出现追捧，创新的潜在收益得到了极大程度的挖掘。随着时间的演进，对创新的投资行为慢慢转化成投机行为，并且作为一个"博傻游戏"，很多人陷入非理性的状态。这就使原本就不稳定的金融体系变得越来越脆弱，而在此过程中，政府的表现几乎一样，就是不会适时介入，进行管制。情形愈演愈烈，最终质变为金融危机。可以说，创新的过度发展和政府的默许态度，是使金融不稳定状态质变为金融危机的重要原因。

二 金融危机起因

有关金融危机或者金融不稳定起源的分析有两类。一类是从微观角度，主要有 Kindleberger（1978），认为金融危机都是以恐慌的形式自发产生的，后来由 Bryant（1980）以及 Diamond 和 Dybvig（1983）建立的 DD 模型，基于多重均衡的存在性进行分析，如果在一种均衡状态下不会发生恐慌，那么在其他至少一种均衡状态下恐慌是会发生的。此外，有重要影响的是 Minsky（1992）的金融不稳定假说，他认为经济的繁荣和稳定背后都埋下了危机种子，金融体系会起到放大经济周期的作用。Minsky 通过分析微观经济主体财务杠杆和经济周期的联动变化，揭示了金融的脆弱性，进而提出了金融不稳定假说，他特别强调投资在经济中的重要作用，认为金融在经济运行中扮演了核心角色，但是 Minsky 的金融不稳定假设也有缺陷。Palley（2009）新自由主义认为工资增加并不能刺激需求增加，需要依赖于借贷与资本价格膨胀，这种安排被认为是不可持续的，但是金融创新和监管缺失以及金融风险日益增长的偏好使模型认为的停滞远远偏离预期，这种延迟机制使明斯基的金融不稳定假设陷入困境。

另一类是从宏观角度出发，当经济进入衰退期或萧条期，银行资产的收益率会比较低，给定以储蓄和债券等形式存在的固定债务，银行很可能无法维持偿付能力，挤兑就会突然降临到它们头上。Gorton（1988）对美国19世纪末20世纪初的情况进行了考察，发现以坏账为基础编制的紧急指标能够预言银行危机的发生。Bernanke和Gerlter（1987）论及了信息不对称造成的金融市场不完善问题，他们在模型中分析了借款人和贷款人在投资项目的质量以及借款人在努力程度上的信息不对称，恶化的资产负债表使经济经历了资源的错误配置，甚至导致金融市场的崩溃。

Bordo、Dueker和Wheelock（2000）构建了美国1790~1997年有关金融条件的年度指数，而且利用动态有序Probit模型估计总价格冲击对每个指数的效应，结果发现，1790~1933年，价格水平冲击推动了金融不稳定，而1980~1997年，通胀冲击推动了金融不稳定。研究证实总价格冲击的规模能否持续地改变金融条件，取决于当时的制度环境，但是一个关注价格稳定的货币政策有助于金融稳定。Schwartz（1988，1995）认为货币政策导致的通胀率的波动是引起金融不稳定的主要因素。持续的通胀形成的价格持续上涨的预期刺激了投机性的信贷和投资，一旦通胀陡然下降，借款人的财务状况迅速恶化，其收入可能无法偿还按照持续的通胀率确定的贷款，导致贷款违约出现，违约的出现使发放贷款的金融机构净值下降，从而形成了金融不稳定。Bergman和Hansen（2002）对瑞典20世纪90年代货币和银行危机数据的建模分析发现，价格冲击的效应，较之其他冲击是较强的且持续存在的。格雷厄姆·特纳（2009）认为全球金融不稳定的主要根源并不是经常账户赤字，而是突发性的资本流出带来的威胁，无论这种抽逃是否已经形成。而金融全球化在带来更加灵活的资本流动进而分摊风险的同时，又催生了更高的债务水平和更大的风险，即便是那些持有巨额经常账户盈余的国家也概莫能外。Stiglitz和Weiss

（1981）认为不对称信息以及逆向选择问题会导致信贷配给（即一些借款人即使愿意支付高利率也得不到贷款）。Kaminsky 和 Reinhart（1999）认为不合时宜的金融自由化会引起金融不稳定，因为在一个自由化的市场上，金融机构有更多的机会寻求风险行为。而存款保险对于金融不稳定而言是把双刃剑，一方面，银行存款得到保证，降低银行破产的风险；另一方面，鼓励银行采取更加冒险的行为，加剧了银行的风险。John Taylor（2009）认为美国的投资大于储蓄，而国外储蓄大于投资，使全球资本相互持平，从而使世界利率预期稳定，所以一些人认为的危机源于全球资本充裕是不合适的，而美国过多的风险与低利率的货币政策是美国金融危机的一个重要影响因素。与此同时，Mitchener（2004）认为监管和规制的缺失对金融危机的爆发有不可推卸的责任。早期的研究如 Friedman 和 Schwartz（1963）、Temin（1976）、White（1984）、Wicker（1980，1986）、Calomiris 和 Mason（2000）强调银行失灵在推动美国经济下滑中的作用。Fisher（1932，1933）提出了债务 - 紧缩理论，认为金融危机是周期性的，会造成过度负债状态，引起债务 - 通货紧缩过程的一些金融事件，以银行借贷为资金来源的过度投资，使企业过度负债，引发金融危机。

Mishkin（1991）认为信息不对称是影响金融系统发挥功能的主要障碍，并给出了相应的金融危机的定义：金融危机是由于逆向选择和道德风险问题对金融市场产生扰动，进而使金融市场不能有效配置资本，影响了金融市场的功能。

Mishkin（1991）认为金融不稳定的主要原因是金融市场功能的不健全使信息流动中断。他给出了影响金融不稳定的几种因素，并进行了分析。第一，利率的上升。Stiglitz 和 Weiss（1981）认为不对称信息以及由此导致的逆向选择问题会导致信贷配给。利率上升挤出了好的贷款人。从理论上讲，无风险利率的一个小的上升有时候会导致贷款市场的大幅度减少，甚至使整个信贷市场崩溃。第二，不确定性的上升。金融市场上不确定性的上升，比如主要金融机构或者非金融机构破产，经济不景气，政治不稳定，股票市场崩溃都会使借款人区分信用风险好坏变得越来越困难，从而加剧了信息的不对称，进一步恶化了逆向选择问题。第三，资产负债表的资本市场效应。非金融机构和银行的资产负债表状况是衡量金融市场不对称信息问题严重程度的重要指标。资产负债表的恶化会加重金融市场上逆向选择和道德风险问题，进而加剧金融不稳定。

Mishkin（1991）曾经对金融危机进行剖析，并区分了发达国家和发展中国家，过程分别如图 2 – 1 和图 2 – 2 所示。

他认为发达国家的通胀率较低且比较稳定，债务合同多为长期的，且用本币结算；而发展中国家通胀率较高且变动大，债务合同多为短期的，而且有些是利用外币结算，因此，在危机的传播途径上，发达国家和发展中国家有所不同。

Joon-Ho Hahn 和 Fredric S. Mishkin（2000）曾利用不对称信息的理论框架解释了韩国的金融危机，而且韩国的数据也证实了理论，另外也提出了一些政策建议。与墨西哥、印尼不同，韩国在货币贬值后并没有严重的通货膨胀，这有助于解释为什么韩国能够较快地恢复。另外，尽管金融自由化在韩国的危机当中扮演着重要角色，但是，并不像墨西哥或其他东亚国家那样导致了泡沫。

国内学者刘锡良、李镇华（2005）探讨了经济波动促使影响金融的风险积累，金融风险与经济周期性波动具有密切的关系。在经济扩张时期，金融机构将其信贷活动集中在一些快速发展的领域，导致金融风险积累与增加，而这些风险被高速发展的经济所掩盖，随着经济增长的减弱甚至紧缩，金融风险可能会暴露出来，造成金融体系的剧烈波动，影响金融稳定。李巍、张志超

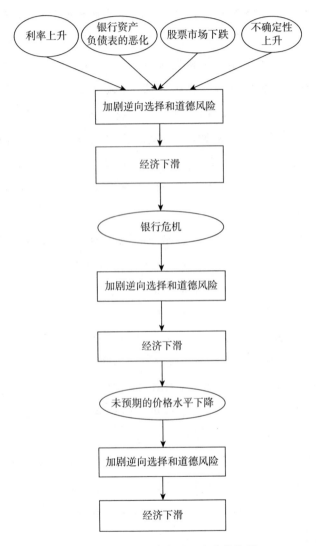

图 2 - 1 发达国家金融不稳定的传播

注：椭圆形代表引起金融不稳定的因素，矩形代表因素的影响结果。

(2009) 研究了不同开放经济体股票和债券市场开放对金融不稳定的影响。他们认为股票市场的开放会直接导致不同的经济体金融不稳定程度的降低，对于低开放度的国家来说，债券市场的开放

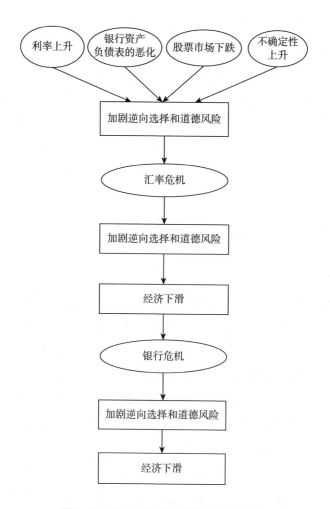

图 2 - 2 发展中国家金融不稳定的传播

注：椭圆形代表引起金融不稳定的因素，矩形代表因素的影响结果。

会直接导致金融不稳定程度的降低，而对于高开放度的国家来说，债券市场的持续开放会引致金融不稳定程度的上升。

此外，还存在三代货币危机模型的分法。第一代货币危机模型由 Krugman（1979）首先提出，他认为由于财政赤字的货币化，国内信贷以固定的速度增加，政府以抛售外汇储备的方式抵消由此带来的货币供给增加，以保持币值稳定，但这会引起国际投机者的攻击，从而引发固定汇率体制的解体。其核心思想在于强调财政需求与固定汇率体制之间不可调和的矛盾。此后又有 Flood 和 Marion（1996，1998），Flood、Garber 和 Kramer（1996），Agenor、Bhandari 和 Flood（1991）在此基础上发展了许多派生模型。第一代货币危机模型可以解释 20 世纪 80 年代之前绝大多数发展中国家的货币危机，但不能很好地解释 1992 年、1993 年的欧洲汇率机制危机，而且模型中政府的行为过于机械，它们只是按照固定的速度扩张信贷，并在储备耗尽后让汇率浮动。

第二代货币危机模型由 Obstfeld（1994）提出，他认为政府并不会机械地坚持固定汇率，而是会根据维持固定汇率的成本和收益进行相机抉择，但与此同时，市场参与者的预期会影响政府对成本和收益的权衡，由此产生动态博弈过程，这类模型强调了政府行为的非线性行为会产生多重均衡，如果一国的失业或政府债务压力达到一定限度，固定汇率就可能步入随时崩溃的多重均衡区间。该模型在一定程度上解释了 1992 年和 1993 年的欧洲汇率机制危机，但很难解释 1997 年的亚洲金融危机，为了解释亚洲金融危机，第三代货币危机模型应运而生。

第三代货币危机主要是从企业、银行、外国债权人等微观主体的行为来探讨危机的原因。Krugman（1998）首先注意到亚洲国家经济体制方面的内在缺陷，由于亚洲国家企业和金融机构的预算软约束，它们普遍具有强烈的过度投资、过度冒险和过度借债倾向。外国投资者因为相信政府的兜底责任从而过于轻率地迎合了它们的贷款意愿，进而导致了严重的资产泡沫和大量的无效投资。Corsetti、Pesenti 和 Roubini（1998）构建模型分析发现由于政府是企业投资损失的最终责任人，因而有大量的潜在财政赤字，这些赤字最终可能要通过货币化来加以消化，而赤字货币化的预期又会加速危机的到来。但是 Radelet 和 Sachs（1998a，1998b）利用 Diamond 和 Dybvig（1983）的银行挤兑模型来解释亚洲金融危机，最主要的原因在于投资者恐慌引发的流动性危机。由于恐慌性的资本流出，大量长期投资项目被迫中途变现，从而使企业陷入资不抵债的地步，可以说，国际金融体系的内在不稳定性加剧了亚洲金融危机。Chang 和 Velasco（1998）构建了一个开放的 Diamond-Dybvig 模型，在汇率固定并且中央银行承担最后贷款人角色的情况下，对银行的挤兑将转化为对中央银行的挤兑，即货币危机。之后 Krugman（1999）提出了一个新的多重均衡模型，该模型将 Bernanke 和 Gertler（1989）对企业净值与企业融资能力的研究应用到开放经济环境中。它假定外国债权人只愿意提供高于企业净值一定比例的贷款，但是由于外资流入的数量会影响本国的实际汇率，从而影响到企业外币负债的本币价值，所以企业的净值又取决于外资的流入量，这就导致多重均衡，当外国债权人预期本国企业有较高净值时，资本流入，本币升值，本国企业的外币负债价值下降，外国债权人的预期得到证实，构成一个理性预期均衡。当外国债权人预期本国企业净值较低时，资本流出，本币贬值，本国企业的外币负债价值加重，外国债权人的预期同样得到证实，这又构成了另一个理性预期均衡。从这些危机模型可以发现，危机中最主要的就是资本的恐慌性流动，因此，在危机处理中通过对短期资本流入的适当限制、建立国际层面的最后贷款人机制和债务协商机制来实现危机的防范。

第三章 中国金融稳定状况指数的测度以及运用

一 引言

2007 年美国次贷危机的发生使人们又一次重视研究金融不稳定理论，但是目前国际上对金融稳定或者金融不稳定始终没有公认的定义。在全球化发展的今天，世界上各国经济都处于紧密联系的状态，美国发生的次贷危机又引发了全球性的经济危机，在随后的几年中，金融市场乃至整个国际经济环境都处于急剧波动状态。中国作为世界上的经济大国，目前正在进行以利率市场化和资产证券化为代表的金融改革，鼓励金融创新是改革的一个重要方向。在这样急剧波动的金融环境和经济环境下，中国的金融稳定程度处于什么水平，中国的金融环境与整体经济波动之间有什么联系，要研究这个问题，需要对金融不稳定的理论进行梳理，并进行相应的测度。

而对金融稳定状况的测度，一直也没有一个公认的评价指标和体系，目前流行的有关金融稳定状况的测度主要有指标评价法、计量经济学方法、VaR 方法和市场信息法四种（叶永刚等，2011），其中指标评价法是最早的，也是目前较为完善的测度方法。本文在借鉴国内外研究文献的基础上，采用指标评价法，并利用因子分析方法实现变量的降维并且确定权重，避免了权重赋值的主观性。与其他人采用的年度数据和季度数据不同，在数据可得性的前提下，本文利用月度数据，测度了中国 2005 年 1 月到 2013 年 12 月的中国金融稳定指数，细化了对中国金融稳定状态的分析，并且观测到了中国的金融市场在一年当中的不同情形。根据测度得到金融稳定指数，综合利用其他相关的宏观经济变量，分析了中国的金融稳定状况与经济波动之间的相互联系。本章的主要内容如下，第一部分是引言，第二部分是理论综述，主要对金融不稳定的内涵和金融不稳定的评价方法进行综述。第三部分是实证分析，利用月度数据，测度了中国 2005 年 1 月到 2013 年 12 月的金融稳定状况，不仅得出了整体趋势，而且观测到中国金融市场的年度特征。第四部分是金融稳定指数的运用。利用宏观经济数据和测度得到的金融稳定状况指数，分析了中国的金融不稳定状态与经济波动之间的相互联系。第五部分是中国的经济波动对东亚经济波动的影响力分析。

二　金融（不）稳定的内涵和测度方法

目前一直没有一个大家普遍认可的有关金融（不）稳定的定义，而且有些是从金融稳定的角度出发定义的，有些是从金融不稳定的角度出发定义的。从金融稳定的角度来说，金融稳定的定义主要有以下几种。第一，抵御冲击说。Padoa-Schioppa（2003）认为金融稳定是指金融体系能够承受冲击，把存款配置给投资机会和经济活动中的支付处理未受冲击积累过程带来的破坏性影响。第二，要素描述说。Crockett（1997）认为金融稳定是指金融机构和金融市场的稳定，金融机构的稳定是指金融机构可以持续偿还其约定的债务；金融市场的稳定是指参与者可以按照反映真实价值的价格在市场上进行交易。第三，金融功能说。德意志银行（2003）认为金融稳定是指一种稳定状态，在这种状态下，金融体系能够较好地完成配置资源、分散风险的功能。Schinasi（2004）认为只要金融体系能够抗击内外冲击，将金融的风险控制在可接受的范围内，那么金融体系就处于不同层次的稳定状态。

从金融不稳定角度出发定义可以分为宏观和微观两个维度。从宏观维度来看，Mishkin（1991）认为信息不对称是影响金融系统发挥功能的主要障碍，并给出了相应的金融危机的定义：金融危机是由逆向选择和道德风险问题对金融市场产生扰动，进而使金融市场不能有效配置资本，影响了金融市场的功能。从微观维度来看，主要有 Minsky（1992）的金融不稳定假说，他认为经济的繁荣和稳定背后都埋下了危机的种子，金融体系会起到放大经济周期的作用。他通过分析微观经济主体财务杠杆和经济周期的联动变化，揭示了金融的脆弱性，进而提出了金融不稳定假说。Diamond 和 Dybvig（1983）建立的 DD 模型，基于多重均衡的存在性进行分析，如果在一种均衡状态下不会发生恐慌，那么在其他至少一种均衡状态下恐慌是会发生的。

对于金融（不）稳定的评价，目前应用较为广泛的是指标评价法、计量经济学方法、VaR 指标法和市场信息法四类（叶永刚等，2011）。指标评价法是最早对金融不稳定进行定量研究的方法，主要有单个银行稳健性评价的 CAMELS 指标法，国际货币基金组织（IMF）的金融稳健性指标（FSI），由 Fell 和 Schinasi（2005）、Jan Willem van den End（2005）提出的金融稳定状况指数（FSCI）等。在指标评价法中，CAMELS 指标法是美国联邦金融机构检查委员会提出的对银行进行现场评级使用的方法，主要由六个指标构成：资本充足率（Capital Adequacy）、资产质量（Asset Quality）、管理水平（Management）、收益（Earnings）、流动性（Liquidity）、敏感性（Sensitivity）等。资本充足率主要是一个银行的资本对其风险资产的比例，是保证银行等金融机构正常运行所必需的资本比例，也是《巴塞尔协议》对银行监管的重要指标。资产质量主要是指不良资产率、呆账准备金等，是反映信用风险和市场风险的重要指标。管理水平是指银行管理制度和风险控制体系等相关制度。银行作为营利性机构，盈利水平等指标也是衡量银行稳健性的重要指标。流动性指标主要考察银行应对流动性需求的能力。敏感性指标是考察银行对利率、汇率等市场价格波动的敏感程度。

CAMELS 指标法只能针对单个银行，是微观审慎性分析，但是在 20 世纪 90 年代，亚洲爆发了金融危机，金融部门对整体经济具有重要影响，研究者开始将视角投向了宏观审慎性分析领域。在这样的背景下，国际货币基金组织开始收集数据，确定指标，并在 2001 年建立了金融稳健性的指标体系，成为宏观审慎性分析的重要标准。金融稳健性指标分为核心指标和建议指标两部分，核心指标主要针对银行部门，包括资本充足率、资产质量、盈利能力、流动性、敏感性五个方面。而建议指标则包括了非银行金融机构、企业部门、家庭部门、证券市场和房地产市场。国际货币基金组织的金融稳健性指标从整体角度强调了金融部门的不稳定，弥补了只针对单个银行的 CAMELS 指标的不足，但是该指标只是将各个部门的指标笼统地归在一起，并没有对指标之间的相互关系做出说明，也没有分析金融不稳定产生和部门间传染的途径。

Fell 和 Schinasi（2005）认为金融稳定性指标不仅要包含金融系统中的各部门信息，而且还要考虑动态因素，以及各个指标之间的相互影响，亦即金融和经济的相互关系和作用。在这样的情况下，Jan Willem van den End（2005）提出了金融稳定状况指数

（FSCI）来研究金融不稳定。金融稳定状况指数综合了货币状况指数（MCI）和金融状况指数（FCI）的有关思想，从而可以对金融和经济进行全方位的分析。货币状况指数反映了货币市场和外汇市场的信息，而金融状况指数反映了货币市场、外汇市场、房地产市场和股票市场的有关信息。首先是货币状况指数：

$$MCI = \omega_1 rr + \omega_2 reer$$

其中，ω_1 和 ω_2 代表权重，rr 是实际利率，$reer$ 是实际有效汇率，权重是根据利率和汇率对 GDP 或者通货膨胀的影响程度来确定的。

其次是金融状况指数（FCI）：

$$FCI = \omega_1 rr + \omega_2 reer + \omega_3 hp + \omega_4 sp$$

ω_3 和 ω_4 是权重，hp 是房地产价格，sp 是股票价格。

与货币状况指数不同，金融状况指数则加入了股市和房地产的情况，提高了衡量金融不稳定程度的效果。而金融稳定状况指数则综合了上述两个指数的思想。

$$FSCI = \omega_1 rr + \omega_2 reer + \omega_3 hp + \omega_4 sp + \omega_5 solv + \omega_6 vol$$

ω_5 和 ω_6 是权重，$solv$ 是清偿力准备，vol 为上市金融机构股票的波动率。金融机构的清偿力准备可以反映金融机构自身提供的用来抵御外部冲击的资本准备，而上市金融机构的股票波动率作为市场信息，反映了外部市场对金融机构的风险评价。

计量经济学方法主要有 Muller、Perrelli 和 Rocha（2002）提出的基于企业部门资产负债表指标和宏观经济指标的线性模型，具体分析金融危机发生的可能性和金融危机发生的损失程度等。使用的指标有财务杠杆率、负债期限结构、资产的流动性状况和盈利能力、现金流指标等，此外还有法律方面的指标，比如债权人的权利、股东权利、强制实施合同的能力以及会计准则等，经过分析认为，企业部门的资产负债表和有关宏观经济指标对预测危机是有效的。Aspachs 和 Goodhart 等（2006）建立了基于违约概率和利润率的向量自回归模型，用来确定金融脆弱性指数的构成。主要指标包括银行部门违约概率、银行部门股票市值增长率、GDP 增长率、通胀率。

VaR 指标主要研究部门资产在一定置信水平下的最大损失。具有代表性的是 Blejer 和 Schumacher（1998），Cornelius（2000）。使用的变量主要是中央银行的资产负债表的各个项目以及表外项目，将它们看作投资组合，根据 VaR 的计算方法计算风险价值。

市场信息法主要采取两种方法来分析风险，一种是直接使用有关指标波动性进行分析，如 Morales 和 Schumacher（2003）提出的相对水平的波动性指标，即首先获得国家资产组合的波动性，然后构造与国家资产组合收益相同但是波动性最小的组合，并以该组合的波动性为基础，构造衡量金融稳定的指标。另一种是结构性方法，利用或有权益方法从市场信息中构造风险指标。Merton（1974）提出了资产负债表中负债是资产的看跌期权，股权是资产的看涨期权，可以用股票和债券的市场价格来确定资产的市场价值，以此为基础使用 KMV 模型确定违约风险的有关指标，如违约距离、违约概率和信用风险溢价等。

综合以上分析，结合中国的现状，本文拟采取指标评价法对金融稳定状况进行分析，IMF 的金融稳健性指标（FSI）是影响最大的指标。很多相关研究是围绕着金融稳健性指标展开的。欧洲中央银行（ECB，2006）在 IMF 金融稳健性指标的基础上，构建了宏观审慎指数，用来评级其成员国的金融体系的稳定性。Adam（2008）在 IMF 的金融稳健指数和 ECB 的宏观审慎指数的基础上构建了一个含有 6 个基础指标的金融稳定指数。国内研究方面，王玉宝（2005）通过基于 VAR 模型的金融状况指数研究了股票价格、房地产价格、短期利率、汇率等所具有的信息作用，结果发现资产价格具有明显的指示作用。蒋丽丽、伍志文（2006）从银行面临的流动性风险、信用风险和市场风险出发，利用私人部门的真实债券总额、银行真实外债和银行真实存款总额构建了一个季度的银行脆弱性指数。万晓莉（2008）利用动态因子分析法，构建了季度的金融脆弱性指数，对中国 1987～2006 年的金融系统脆弱性进行评估与判断。何德旭、娄峰（2011）从国际货币基金组织的金融稳定指数出发，利用主成分分析法确定权重，分析了中国的金融稳定状况。本文结合前人的分析，综合数据可得性等因素，利用相关指标构建金融稳定状况指数（FSCI）。

三 实证研究

本文采取的指标主要包括银行自身的因素、整体市场环境以及国外因素。具体有不良贷款率、银行同业拆借利率、实际有效汇率、房地产价格指数、股票波动指数（以沪市 A 股的加权市盈率表示）、M2/GDP 六个指标（见表 3－1）。不良贷款率反映了金融机构的经营状况，而银行同业拆借利率则反映了银行的资金使用价格，实际有效汇率是对中国在国际经济环境中的地位的简单评价，对于中国的金融市场而言，房地产市场和股票市场是影响最大的两个市场，因此需要选取房地产价格指数和股票波动指数来体现这两个市场的影响。有关数据来源，不良贷款率、银行同业拆借利率采用中经网的数据，实际有效汇率采用国际清算银行（BIS）的数据，其计算公式为 $REER_i = \prod_{j=1} \left(\dfrac{P_i R_i}{P_j R_j} \right)^{W_{ij}}$，房地产价格指数采用中经网的房地产开发景气指数，股票波动指数采用国泰安数据库的沪市 A 股的加权市盈率，M2/GDP 采用中经网的数据。数据采用月度数据，数据跨度为 2005 年 1 月到 2013 年 12 月。

表 3 - 1　金融不稳定指标构建集

指标	含义
不良贷款率（BLR）	反映金融机构的资本安全状况
银行同业拆借利率（SHIBOR）	反映金融机构面临的资金价格
实际有效汇率（REER）	反映金融机构面临的外汇市场状况
房地产价格指数（RR）	反映房地产市场的状况
股票波动指数（PER）	反映股票市场的状况
M2/GDP（M2GDP）	反映资金供求状况

在确定了指标包含的变量后，需要确定变量的权重。一般的指标评价法主要是根据前人研究的国际通用标准和背景知识对原始数据进行评分，在评分的基础上采用算术平均或者是根据研究人员的主观评价赋予权重，加权计算得到金融稳定性指标。这种方法的主观性较强，本文借鉴万晓莉（2008），何德旭、娄峰（2011）的方法，采用因子分析的方法确定权重，并对得到的因子进行标准化处理，然后加权得到相应的金融稳定性指标。

主成分分析是由霍特林（Hotelling）于 1933 年提出，通过投影的方法，实现了数据的降维处理，在损失较少数据信息的基础上把多个指标转化为几个有代表意义的综合指标。因子分析则是主成分分析的推广，相对来说，因子分析更侧重于解释变量之间的相关关系和协方差之间的结构。研究多指标问题时会发现这些指标相关性形成的背景原因是多样的，但是其中会存在一些共同的原因，可以被称为公共因子。因子分析的实质是用几个潜在的但不能观察的互不相关的随机变量去描述许多变量之间的相关关系，这些随机变量被称为因子。借助于因子分析方法可以将本文的六个变量降维为两个因子，从而规避这些变量的安全阈值的确定以及指标权重选择的主观性问题。在提取出因子之后，利用标准化方法，将因子的数值投射在 [0,10] 的区间范围内。具体的标准化式子为：

$$NFS_{it} = \frac{10 \times [FS_{it} - \min(FS_{it})]}{[\max(FS_{it}) - \min(FS_{it})]} \qquad (1)$$

本文选取了 2005 年 1 月到 2013 年 12 月的月度数据，通过对该 6 个指标进行描述性统计得到表 3 - 2。

表 3 - 2   指标的描述性统计

指标	BLR	REER	SHIBOR	RR	PER	M2GDP
均值	3.7979	98.1954	2.3651	100.832	22.9000	19.9107
中间值	1.71500	99.0750	2.3100	101.770	19.7700	19.7852
最大值	12.4000	118.740	6.5800	106.590	69.6400	32.9650
最小值	0.90000	82.4800	0.84000	94.3900	10.1600	12.1237
标准差	3.24619	10.2069	0.9601	3.4551	12.8150	3.9971
观测值	108	108	108	108	108	108

从银行自身因素来说，银行的不良贷款率从 2005 年开始就处于高位，之后出现慢慢下降的态势，并在 2011 年前后为 1% 以下，银行不良贷款率的下降一方面与银行自身的管理改善有关，另一方面和当时的整体经济环境有关。在 2005 年以后，以资产证券化为代表的表外融资模式开始迅速盛行，信托、股票等直接融资方式得到飞速发展，一方面优化了银行的资产负债表，另一方面也解决了企业发展的融资问题。但是伴随着资产证券化等为代表的金融创新发展而生的是房地产市场的火热，可以看到，从 2005 年到 2008 年房地产开发价格一直呈现上升的趋势，虽然在 2008 年的时候由于次贷危机和经济危机的影响，增长的势头有所放缓，但是没有多久依然出现了反弹，一直持续到 2011 年末 2012 年初，势头才得到遏制。还有一个很重要的因素就是实际有效汇率，从数据可以发现，实际有效汇率一直上升。从人民币的走势也可以看

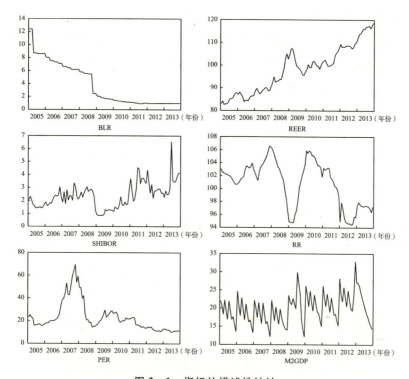

图 3 - 1　指标的描述性统计

出来，"破 8""破 7"，现在不论是专家还是民众都对"破 6"有了心理预期。沪市 A 股的加权市盈率则反映了股票市场的情况，从 2005 年的 22.87，之后的一年半左右，一直在 15 ~ 20 徘徊，到 2006 年下半年，市盈率开始迅速增长，到 2007 年 12 月到达顶峰 59.24，然后迅速下降，经过四个月后就降到 20 左右，然后呈现波动下降态势。

　　M2/GDP 则反映了经济的货币化程度，此处的月度的 GDP 数据采用 GDP 的季度数据和增长率计算得到，而此处的 M2 则是每月新增的 M2 数量，是一个增量。从图 3 - 1 可以看出，由于 2008 年的经济刺激计划，以及调控效果的滞后性，在 2009 年 9 月，新增 M2 与 GDP 之间的比值达到 29.95 的峰值，随后的两年一直在

20 以上徘徊。随后经过国家宏观措施的调整，以及新一届政府提出的"用好增量，盘活存量"的指导方针，*M2/GDP* 开始有缓慢下降的态势。此外，可以看出 *M2/GDP* 的季节性特征，在年初的时候，由于贷款的集中发放，*M2/GDP* 会呈现走高的态势，经过半年时间，*M2/GDP* 会有所下降，这与中国的特有的贷款模式有关。

前面对指标进行了描述性分析，下面将利用因子分析方法对指标数据进行处理，利用 SPSS20 对数据进行处理得到表 3 – 3 和表 3 – 4 的结果。

表 3 – 3　方差分析

变量		方差解释	
		占总方差的比例（%）	占总方差的累计比例（%）
1	3.033	50.543	50.543
2	1.084	18.060	68.602

表 3 – 4　因子分析

变量	因子	
	1	2
BLR	0.819	– 0.089
REER	– 0.935	– 0.164
SHIBOR	– 0.423	0.756
RR	0.795	0.178
PER	0.702	0.186
M2GDP	– 0.428	– 0.641

根据表 3 – 3 和表 3 – 4，两个因子的解释比例分别为 50.543% 和 18.06%，可以提取出两个因子 FS_1 和 FS_2，根据因子系数矩阵可以得到具体公式为：

$$FS_1 = 0.819 \times BLR - 0.935 \times REER - 0.423 \times SHIBOR +$$

$$0.795 \times RR + 0.702 \times PER - 0.428 \times M2GDP \tag{2}$$

$$FS_2 = -0.089 \times BLR - 0.164 \times REER + 0.756 \times SHIBOR +$$

$$0.178 \times RR + 0.186 \times PER - 0.641 \times M2GDP \tag{3}$$

观察 FS_1 和 FS_2 可以发现，FS_1 中不良贷款率、实际有效汇率、房地产价格、股票市场情况影响较大，而在 FS_2 中，银行间同业拆借加权平均利率、$M2/GDP$ 的权重较大，可以发现 FS_1 和 FS_2 分别反映了不同的风险状况，FS_1 主要描述了银行的自身经营状况，比如不良贷款率，而实际有效汇率、房地产价格和股票市场情况则是对整体经济环境状况的反映。FS_2 主要因素是银行间同业拆借加权平均利率和 $M2/GDP$，主要反映货币市场化的情况。综合两者可以发现，两个因子分别对应金融状况指数和货币状况指数，根据两个因子的解释程度的不同，FS_1 的解释比例为 50.543%，FS_2 的解释程度为 18.06%，对 FS_1 和 FS_2 进行加权分析可以得到金融稳定状况指数 FS 具体为：

$$FS = \frac{0.50543}{0.50543 + 0.1806} \times FS_1 + \frac{0.1806}{0.50543 + 0.1806} \times FS_2 \tag{4}$$

利用前文提到的标准化公式对 FS、FS_1、FS_2 进行处理可以得到 NFS、NFS_1、NFS_2。NFS 则可以作为标准化的金融稳定状况指数，NFS_1 作为标准化的金融状况指数，NFS_2 可以作为标准化的货币状况指数。

对图 3-2 进行分析，可以发现，从 2005 年初到 2007 年，中国的金融不稳定程度呈现加剧态势，并在 2007 年中期达到顶峰，随后呈现逐步下降态势，到 2009 年，又呈现上升态势，随后有波动下降的态势，一直持续到 2013 年，金融不稳定程度又出现了加剧的情形。对具体数值分析发现，2007 年 10 月，金融不稳定指数达到最高的 9.94。根据沈中华和谢孟华（2000）、伍志文（2008）、万晓莉（2008）的做法，在指数的样本集内，指数的均值加上一个标准差之值作为极度不稳定的临界值，我国从 2005 年 1 月到 2013 年

12 月，总共 108 个月，平均的金融不稳定程度为 4.15，标准差为 2.11，相加可得临界值为 6.26，观察数据可以发现，总共有 17 个月的金融不稳定指数大于 6.26，主要集中在 2006 年下半年到 2008 年上半年这个时间段，与当时我国面临的国际经济环境和国内经济环境较为吻合。

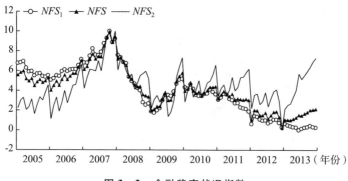

图 3 - 2　金融稳定状况指数

对金融不稳定指数的趋势进行具体分析，从 2005 年初开始，金融不稳定指数一直在平均值以上运行，并且一直呈现上升的态势，这与我国当时国内经济环境过热、投资过热、产能过剩等情况有关，金融机构快速扩张，股票市场和房地产市场都呈现较为火热的态势，这种情况到了 2007 年中期，受美国次贷危机等国际因素的影响达到顶峰。美国发生次贷危机，进而引发全球性的金融危机，我国经济面临的外部环境发生了很大变化，国家采取了强有力的宏观调控措施，改善了经济发展结构，规范了金融市场的发展，降低了金融不稳定程度，并且一直到 2012 年呈现下降态势，到 2013 年，由于国际经济环境的变化和新的宏观调控措施的实施，尤其是贷款利率的放开、资产证券化业务的重新开展等，以银行间同业拆借加权平均利率和 M2/GDP 为代表的货币状况指数 NFS_2 有上升的态势，并且拉动了加权的金融不稳定指数的上升，这种情形一直持续到现在，值得我们注意。

分别对两个因子所代表的金融状况指数 NFS_1 和货币状况指数 NFS_2 进行分析。2005 年初，金融状况指数在高位运行，这与当时中国经济过热、存在较强的不稳定因素有关。之后随着国家一系列的降温措施实施，金融状况指数有所下降。但是到 2007 年，由于美国次贷危机的影响，中国面临的外部经济环境又出现不利情形，金融状况指数又呈现上升态势，并在 2007 年 10 月达到 10 的最高值，在 12 月达到 9.23 的第二高值。2008 年一整年，金融状况指数都呈现下降态势，这说明为了应对经济危机，中国采取的宏观调控措施发挥了极大的作用。但是到 2009 年，由于当时的政府刺激计划开始出现后遗症，各地频繁上马投资项目，金融状况指数又出现持续上升的态势。这种态势在持续一年之后，开始缓慢下降。货币状况指数 NFS_2 的运行态势与金融状况指数 NFS_1 的波动趋势类似，但是幅度更大，频率更快，而且从年度特征来看，货币状况指数在下半年都是要高于上半年的，这与中国的调控措施以及信贷发放情形有关。

四　金融不稳定和金融波动的联系

在得出金融状况指数 NFS_1、货币状况指数 NFS_2 和金融稳定状况指数 NFS 之后，我们可以将这三个指数与相关的宏观经济变量进行分析，考察金融稳定状况与宏观经济之间的关系。选取的经济变量主要有国内生产总值（GDP）、制造业采购经理指数（PMI）、外商直接投资（FDI），采用的都是月度数据，对国内生产总值的对数值、外商直接投资和制造业采购经理指数进行 H－P 滤波，滤波算子取 14400，得到波动部分。数据来源于中经网，时间从 2005 年 1 月到 2013 年 12 月。

国内生产总值的选取可以从整体上把握经济运行态势，尤其是波动态势。制造业采购经理指数也是反映经济变化的一个重要指标，而且对中国而言，反映了中国产业经济的宏观调控状况，是经济的晴雨表。外商直接投资反映了外商对中国投资环境的评价和中国吸引外资的能力，在一定程度上也反映了国际经济情况。这三个指标可以概括中国经济运行的特征，而且与金融环境和国际环境都存在密切联系，因此，我们将三个指数与这三个变量联合起来进行分析，考察金融稳定状况与整体宏观经济之间的联系。

（一）金融稳定状况指数 *NFS* 与经济波动的联系

考察代表整体金融稳定情况的金融稳定状况指数 *NFS* 与这三个变量的联系。首先对它们进行平稳性检验，经过 ADF 检验发现，金融稳定状况指数 *NFS* 是一阶平稳的，而国内生产总值、外商直接投资的月度增长率以及制造业经理人指数是平稳的，而且四者存在协整关系，因此可以进行格兰杰因果关系检验。对它们进行格兰杰因果关系检验可以得到表 3 - 5 的结果。

表 3 - 5　金融稳定状况指数 NFS 与相关变量的格兰杰因果关系检验

原假设	观察值	F 统计量	概率
CFDI 不是 NFS 的格兰杰原因	105	14.4315	3×10^{-6}
NFS 不是 CFDI 的格兰杰原因	105	0.55766	0.5743
CGDP 不是 NFS 的格兰杰原因	106	19.3899	7×10^{-8}
NFS 不是 CGDP 的格兰杰原因	106	0.78802	0.4575
CPMI 不是 NFS 的格兰杰原因	106	0.76139	0.4679
NFS 不是 CPMI 的格兰杰原因	106	3.51473	0.0334

注：其中 CGDP 是 GDP，NFS 是金融稳定状况指数，CPMI 是制造业采购经理人指数，CFDI 是外商直接投资的月度增长率。

从表 3 - 5 可以看出，GDP 的波动是金融不稳定的格兰杰原因，但是反之不成立。外商直接投资也是金融不稳定的格兰杰原因，但是反之不成立。但是金融不稳定是制造业采购经理人指数的格兰杰原因，反之不成立。

对金融稳定状况指数 NFS、GDP 的波动、制造业采购经理人指数和外商直接投资建立 VAR 模型，并进行脉冲响应和方差分解，建立脉冲响应函数，进行 Cholesky 分解可以得到金融稳定状况指数 NFS 的脉冲响应图，具体如图 3 - 3 所示。

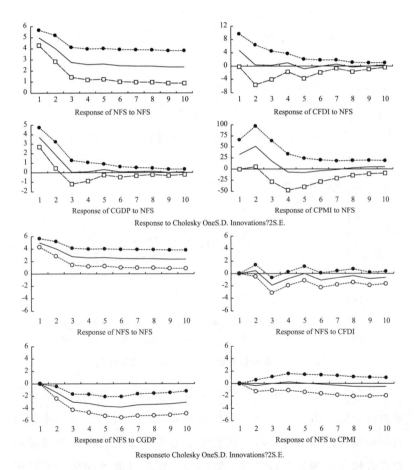

图 3 - 3　金融稳定状况指数 NFS 的脉冲响应

可以看出，金融不稳定对自身的冲击，在初始阶段较大，但经过三期时间以后，金融不稳定冲击的影响趋于稳定，但并不趋于零，存在正向影响。金融不稳定冲击对经济波动的影响在初期较大，但是随着时间的推移，经过三期左右就趋向于零，之后的影响就越来越小，在零附近波动。与之形成对应的是经济波动的冲击对金融不稳定的影响越来越大，在三期到四期时，趋于稳定，但并不趋于零，一直呈现负向影响的态势。类似的，金融不稳定冲击对制造业的影响较大，一直持续了五期左右，而且在稳定状态时依然呈现正向影响。但是制造业冲击对金融不稳定的影响几乎可以忽略。外商直接投资受到金融不稳定冲击的影响较大，而且呈现波动起伏状态。相对应的，金融不稳定对外商直接投资的影响也处于幅度不大但波动频繁的状态。

利用乔利斯基方法对金融稳定状况指数 NFS 进行方差分解得到图 3-4。

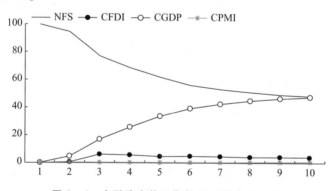

图 3-4　金融稳定状况指数 NFS 的方差分解

从金融稳定状况指数 NFS 的方差分解图可以看出，金融不稳定对自身的冲击、经济波动都是影响金融不稳定的重要因素，而且在长期的影响都为正值，区别在于金融不稳定自身的解释在初期占有较大比例，之后呈现下降态势，而经济波动的影响则呈现稳步上升的态势。

综合脉冲响应分析和方差分解分析，可以发现，金融冲击本身对金融市场的波动具有较强的影响，同时在短期内还会影响到整体经济的波动。相对应的，整体经济的冲击会对金融市场的波动造成持续的负向影响。

（二）金融状况指数 NFS_1 和货币状况指数 NFS_2 与经济波动的联系

类似地对金融状况指数 NFS_1 进行分析，经过平稳性检验，进行格兰杰因果关系检验可以得到表 3 - 6 的结果。

表 3 - 6　金融状况指数 NFS_1 与相关变量的格兰杰因果关系检验

原假设	观察值	F 统计量	概率
CFDI 不是 NFS_1 的格兰杰原因	105	4.38373	0.0150
NFS_1 不是 CFDI 的格兰杰原因	105	1.25476	0.2816
CGDP 不是 NFS_1 的格兰杰原因	106	9.26964	0.0002
NFS_1 不是 CGDP 的格兰杰原因	106	1.01995	0.3643
CPMI 不是 NFS_1 的格兰杰原因	106	0.24846	0.7805
NFS_1 不是 CPMI 的格兰杰原因	106	4.56822	0.0126

对表 3 - 6 进行分析发现，GDP 的波动是金融不稳定的格兰杰原因，但是反之不成立。外商直接投资也是金融不稳定的格兰杰原因，但是反之不成立。但是金融不稳定是制造业采购经理人指数的格兰杰原因，反之不成立。

对金融状况指数 NFS_1 进行脉冲响应和方差分析可以得到图 3 - 5、图 3 - 6，容易发现，对金融状况指数 NFS_1 与相关变量的分析与金融稳定状况指数 NFS 类似。

类似地对货币状况指数 NFS_2 进行分析，得到表 3 - 7 的结果。

表 3 - 7　货币状况指数 NFS_2 与相关变量的格兰杰因果关系检验

原假设	观察值	F 统计量	概率
CFDI 不是 NFS_2 的格兰杰原因	105	21.9930	1×10^{-8}
NFS_2 不是 CFDI 的格兰杰原因	105	0.74923	0.4754

续表

原假设	观察值	F 统计量	概率
CGDP 不是 NFS_2 的格兰杰原因	106	16. 0743	9×10^{-7}
NFS_2 不是 CGDP 的格兰杰原因	106	1. 14362	0. 3228
CPMI 不是 NFS_2 的格兰杰原因	106	2. 33142	0. 1024
NFS_2 不是 CPMI 的格兰杰原因	106	1. 69328	0. 1891

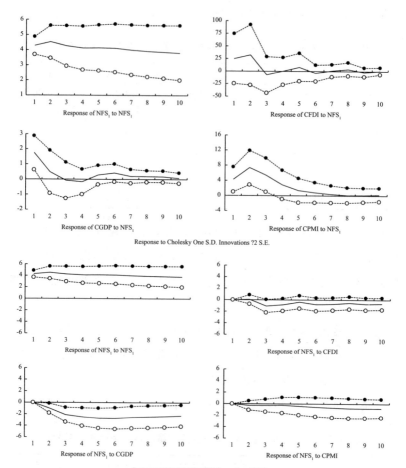

图 3 - 5 金融状况指数 NFS_1 的脉冲响应

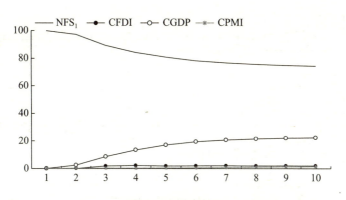

图 3 - 6　金融状况指数 NFS_1 的方差分解

此处与前面两个指数有所不同的是制造业经理人指数 PMI 与货币状况指数 NFS_2 之间不存在格兰杰因果关系，这与中国特有的生产模式和投资方式有关。由于政府主导的经济刺激模式，中国投资和利率的关系并不是那么明显。

　　类似进行脉冲响应分析和方差分解分析可以发现（见图 3 - 7、图 3 - 8），货币状况指数 NFS_2 受到的影响与金融状况指数 NFS_1、金融稳定状况指数 NFS 类似。综合分析可以得到如下结论。第一，GDP 的波动是金融不稳定的格兰杰原因，但是反之不成立。外商直接投资也是金融不稳定的格兰杰原因，但是反之不成立。但是金融不稳定是制造业采购经理人指数的格兰杰原因，反之不成立。第二，金融不稳定和经济波动之间存在较为明显的相互影响，但是这种影响在长期内的效果是不对称的。金融不稳定对经济波动的冲击会在一定的时期内趋向于零，但是经济波动对金融不稳定的冲击则呈现长期的负向影响。第三，金融不稳定自身和经济波动是解释金融不稳定变化的最重要的两个因素。

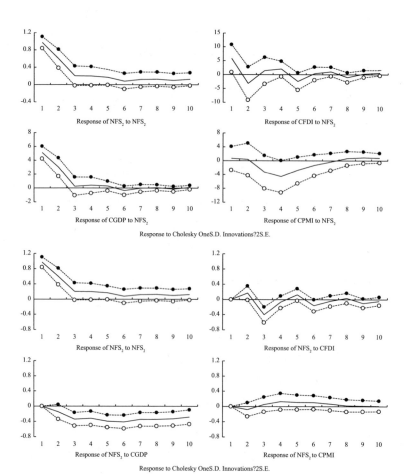

图 3 - 7　货币状况指数 NFS_2 的脉冲响应

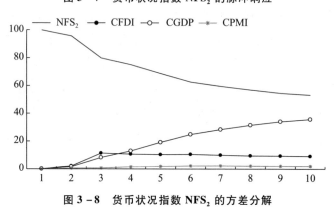

图 3 - 8　货币状况指数 NFS_2 的方差分解

五 中国的经济波动对东亚经济波动的影响力分析

(一) 东亚经济周期的基本分析

本文中关于东亚各国的数据来自 IMF 网站上，数据为 1980 ~
2010 年的年度数据，主要指标有国内生产总值、投资、消费、劳
动力和经常项目。我们首先对数据进行滤波处理，关于数据处理
的方法有很多，比如差分法、滤波法等。Nelson 和 Plosser（1982）
认为大多数宏观经济变量具有单位根性质，于是就直接对数据进
行差分处理。而滤波方法则是根据时间序列的谱分析方法，将时
间序列看作不同波长成分的叠加，然后通过一定的分析，将时间
序列中不同波长或者频率的数据分离开。较为常用的滤波方法有
H－P 滤波、B－P 滤波、B－K 滤波等。在本文中我们采用的是
H－P 滤波，其中 λ 决定取 100。[1]

首先，我们对中国的 GDP 取对数后进行滤波处理，分离出趋
势部分和波动部分，如图 3－9 所示。

类似地，将投资、消费和贸易余额的对数值进行滤波，并对
波动部分进行分析可以得到表 3－8。

---

[1] 在 H－P 滤波当中，关于 λ 的取值有很多研究，Ravn 和 Uhlig（2002）曾经对
这一问题有详细研究，他们认为在年度数据时 λ = 6.25，季度数据时 λ = 1600，
月度数据时 λ = 129600，之后两人又对这一研究进行了调整，进行调整之后发
现在年度数据时 λ = 100 比较合适。中国的研究者在进行滤波时 λ 取 100 的比
较多，汤铎铎（2007）对 H－P 滤波，B－K 滤波，C－F 滤波进行了比较分
析，认为 H－P 滤波当中，在年度数据时，λ 取 6.25 比较合适，而且认为最合
适的滤波方法为 C－F 滤波。本文限于技术原因，采用了大多数的做法，对数
据进行 H－P 滤波，并且 λ 取 100。

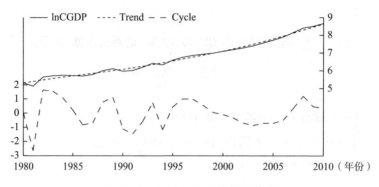

图 3 - 9   中国 lnGDP 的滤波图形

资料来源：国家统计局网站。

表 3 - 8   各宏观经济变量的标准差

变量	GDP	投资	消费	贸易余额
标准差	0.072230	0.083610	0.079898	0.597022

由表 3 - 8 我们可以看出，GDP 的波动性较弱，而消费和贸易余额的波动性很大，贸易支出与国际经济联系较为紧密，贸易支出强烈的波动性表明我国经济与世界经济的走势密切相关。

对于东亚各地区在经济波动方面的区别和联系，我们用波动的标准差和相关系数进行分析，本文选取八个主要的东亚地区数据进行分析，可以得到表 3 - 9。

由表 3 - 9 可以得到图 3 - 10 的结果。

表 3 - 9   中国与东亚各地区波动方面的联系

地区 变量	中国	日本	韩国	印尼	新加坡	中国台湾	中国香港	泰国
GDP 波动的标准差	0.0722	0.1008	0.1415	0.0471	0.1125	0.0744	0.0547	0.0562
产出波动的相关系数								

续表

变量＼地区	中国	日本	韩国	印尼	新加坡	中国台湾	中国香港	泰国
中国	1.0000							
日本	−0.2089	1.0000						
韩国	−0.0295	0.4807	1.00000					
印尼	0.1407	0.3034	0.7627	1.0000				
新加坡	0.3283	0.2045	0.6339	0.7584	1.0000			
中国台湾	−0.1065	0.7061	0.7458	0.4388	0.5429	1.0000		
中国香港	0.0843	0.5222	0.4949	0.4520	0.6737	0.7719	1.0000	
泰国	0.1889	0.4809	0.8254	0.8643	0.8881	0.6829	0.6665	1.0000
消费波动的标准差	0.0799	0.0998	0.1453	0.0668	0.0841	0.086	0.0563	0.0461
消费波动的相关系数								
中国	1.0000							
日本	−0.3299	1.0000						
韩国	−0.2175	0.3245	1.0000					
印尼	−0.0100	0.1968	0.8142	1.0000				
新加坡	−0.1474	0.4453	0.7786	0.7707	1.0000			
中国台湾	−0.2502	0.5089	0.6793	0.4071	0.7155	1.0000		
中国香港	−0.0789	0.3528	0.4185	0.4083	0.7215	0.6861	1.0000	
泰国	−0.0435	0.4256	0.8214	0.8398	0.9012	0.6541	0.6257	1.0000
技术波动的标准差	0.0260	0.0687	0.0326	0.0509	0.0676	0.0289	0.0279	0.0328

变量＼地区	中国	日本	韩国	印尼	新加坡	中国台湾	中国香港	泰国
技术波动的相关系数								
中国	1.0000							
日本	-0.5308	1.0000						
韩国	-0.1401	0.3054	1.0000					
印尼	0.1338	-0.210	-0.1337	1.0000				
新加坡	-0.3271	0.2057	0.5569	-0.2828	1.0000			
中国台湾	-0.0929	0.0678	-0.0493	-0.3451	0.0289	1.0000		
中国香港	-0.1447	-0.1007	0.0255	0.2952	-0.0222	-0.0063	1.0000	
泰国	0.1028	0.3038	0.4185	-0.0050	0.1846	-0.0587	0.1033	1.0000
投资波动的标准差	0.0836	0.1206	0.2137	0.0797	0.211	0.1566	0.1024	0.1656
投资波动的相关系数								
中国	1.0000							
日本	0.3092	1.0000						
韩国	0.1865	0.6167	1.0000					
印尼	0.3853	0.4069	0.7750	1.0000				
新加坡	0.3901	0.1505	0.3187	0.4946	1.0000			
中国台湾	0.2810	0.7681	0.5795	0.3004	0.3634	1.0000		
中国香港	0.3897	0.6650	0.4394	0.4969	0.5287	0.7042	1.0000	
泰国	0.3632	0.5990	0.9226	0.8645	0.4567	0.5551	0.5100	1.0000

续表

地区 变量	中国	日本	韩国	印尼	新加坡	中国 台湾	中国 香港	泰国
劳动力 波动的 标准差	0.0009	0.0011	0.002088	0.0053	0.0184	0.0017	0.0064	0.0024
劳动力 波动的 相关 系数								
中国	1.0000							
日本	− 0. 1623	1.0000						
韩国	− 0. 2306	0.6388	1.0000					
印尼	0.0085	− 0. 0413	− 0. 1084	1.0000				
新加坡	0.1979	− 0. 6660	− 0. 1274	0.1461	1.0000			
中国 台湾	− 0. 1283	0.6847	0.8500	− 0. 1324	− 0. 1287	1.0000		
中国 香港	− 0. 2570	− 0. 0474	0.5149	0.3752	0.4366	0.3145	1.0000	
泰国	0.1268	0.2294	0.2198	0.1995	− 0. 0604	0.3719	0.2185	1.0000

资料来源：根据 IMF 和国家统计局的数据整理得到。

由表 3 – 9 和图 3 – 10 我们可以看出，就经济的稳定性而言，东亚各个地区比较类似，都处于比较稳定的状态。而在相互联系方面，各个地区之间就存在较大的差别。可以看出，中日韩在东亚各地区当中处于比较重要的地位，与其他地区的联系比较密切。Backus、Kehoe 和 Kydland 曾经指出在国际经济周期当中存在一个典型事实，$r(y,y^*) > r(z,z^*) > r(c,c^*)$，其中 y，z，c 分别为本地区产出、索洛剩余和消费，y^*，z^*，c^* 对应于外国的产出、索洛剩余和消费。从表 3 – 9 我们可以看出，中国和韩国、中国和印尼、中国和中国台湾、中国和泰国的关系比较符合 BKK 提出的典型事实。另外，通过对数值大小进行比较可以看出，中国和日本、中

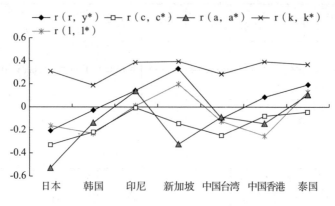

图 3 - 10   中国与东亚各地区经济波动的联系

资料来源：根据 IMF 和国家统计局的数据整理得到。

国和韩国以及中国和新加坡的联系比较紧密。

（二）东亚经济波动冲击的相互影响

前面我们分析了东亚各地区之间的经济联系，但是仅仅限于静态的分析，下面我们分析东亚各国之间经济波动的相互影响，我们选择 GDP、技术、投资和消费，建立 VAR 模型并进行脉冲响应分析。限于篇幅，我们只分析中国对东亚各地区的影响以及东亚各地区对中国的影响。

1. GDP 的脉冲响应分析

利用前面的数据，我们建立东亚各地区之间的 VAR 模型，并进行脉冲响应分析。首先分析中国的 GDP 冲击对东亚各地区的影响。利用 Eviews 6.0 得到如图 3 - 11 的结果。

从图 3 - 11 中可以看出，中国的 GDP 波动冲击对自身经济在前期具有一定的正向作用，但影响逐渐下降，并从第三期开始趋向于零。而日本的 GDP 几乎不受中国 GDP 波动冲击的影响，一直在零附近徘徊。和日本相比，韩国的 GDP 在受到冲击时，初期会有一定的负向作用，但力度不大，并在第五期左右趋向于零。印

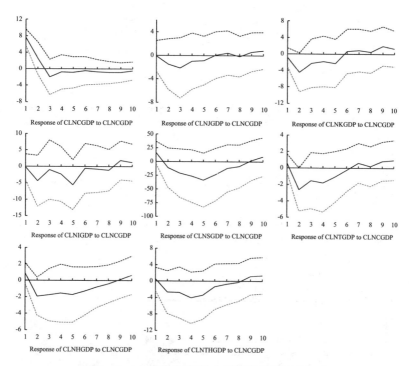

图 3-11　中国的 GDP 冲击对东亚各地区的影响

注：CLNCGDP、CLNJGDP、CLNKGDP、CLNIGDP、CLNSGDP、CLNTGDP、CLNHGDP、CLNTHGDP 分别为中国、日本、韩国、印尼、新加坡、中国台湾、中国香港和泰国 GDP 经过 HP 滤波后的波动部分。

尼受中国 GDP 冲击波动频率较大，且时期较长。而新加坡受中国 GDP 冲击的影响很小，并呈现 V 字形分布，初期负向影响逐渐增强，在第五期左右影响达到最大，随后影响的绝对值慢慢削弱，并在第九期左右趋向于零。而中国台湾地区只是在前两期受到一定的负向影响，以后迅速减弱为零。中国香港和泰国与中国台湾地区比较类似，只是影响时期比中国台湾要长。

下面看中国的 GDP 波动受到东亚其他地区 GDP 波动冲击的影响，如图 3-12 所示。

从图 3-12 中可以看出中国的 GDP 波动受东亚各地区 GDP 波

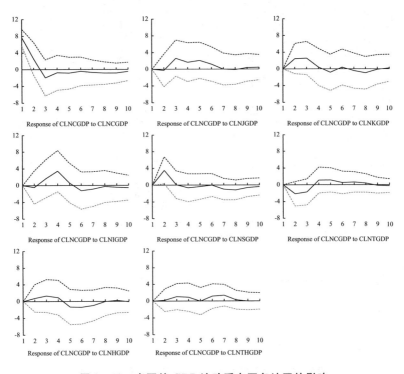

图 3 – 12 中国的 GDP 波动受东亚各地区的影响

注：CLNCGDP、CLNJGDP、CLNKGDP、CLNIGDP、CLNSGDP、CLNTGDP、CLNHGDP、CLNTHGDP 分别为中国、日本、韩国、印尼、新加坡、中国台湾、中国香港和泰国 GDP 经过 HP 滤波后的波动部分。

动的影响，大多数为正向影响。对比以上两图可以发现，在东亚地区，中国的 GDP 波动对其他地区具有较为明显的影响，但受其他地区的影响并不强烈，这也从一个侧面反映了中国在东亚的地位。

2. 技术的脉冲响应分析

类似分析可以得到图 3 – 13。

从图 3 – 13 和图 3 – 14 中可以看出，中国的技术波动冲击对东亚各地区的影响并不是很强烈。在东亚各地区中，中国的技术波动冲击在初期对印尼、中国香港和泰国是正向影响，而对日本、韩国、新加坡和中国台湾地区则为负向影响，但都在三四期之后趋向于零。而相对应的，中国的技术波动则几乎不受东亚各地区的影响。其中在初期阶段，韩国的技术波动冲击对中国技术有一定的正向影响，但在第五期之后则接近于零。

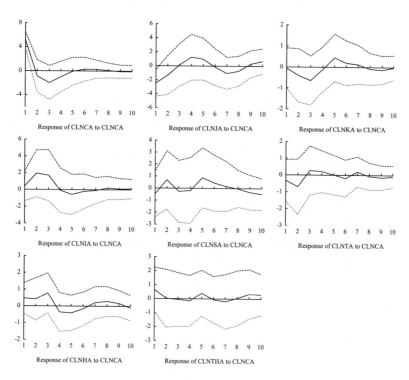

图 3 - 13　中国的技术波动冲击对东亚各地区的影响

注：CLNCA、CLNJA、CLNKA、CLNIA、CLNSA、CLNTA、CLNHA、CLNTHA 分别为中国、日本、韩国、印尼、新加坡、中国台湾、中国香港和泰国索洛剩余经过 HP 滤波后的波动部分。

3. 投资的脉冲响应分析

类似地可以对投资进行分析，可以得到图 3 - 15。

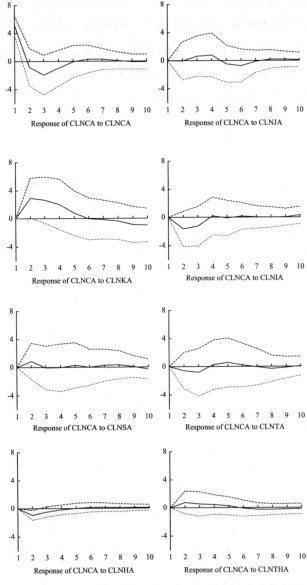

图 3-14　中国的技术波动受东亚各地区技术波动冲击的影响

注：CLNCA、CLNJA、CLNKA、CLNIA、CLNSA、CLNTA、CLNHA、CLNTHA
分别为中国、日本、韩国、印尼、新加坡、中国台湾、中国香港和泰国索洛剩
余经过 HP 滤波后的波动部分。

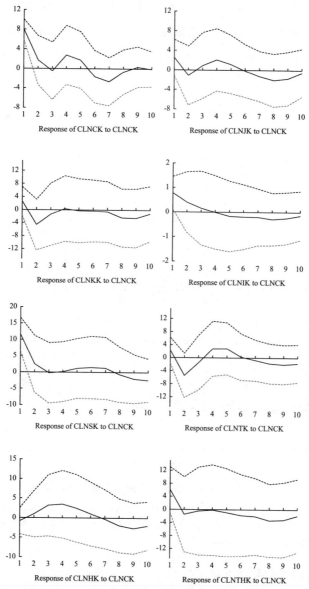

图 3 – 15　中国的投资波动对东亚各地区的影响

注：CLNK、CLNJK、CLNKK、CLNIK、CLNSK、CLNTK、CLNHK、CLNTHK 分别为中国、日本、韩国、印尼、新加坡、中国台湾、中国香港和泰国的投资经过 HP 滤波后的波动部分。

如图 3 - 15 所示，中国的投资波动冲击对新加坡的影响较大，且为正向影响，但在第三期就减弱为零了。而东亚其他地区受到中国投资波动影响并不大。而从图 3 - 16 中可以看出，中国的投资波动受东亚各地区影响并不大。

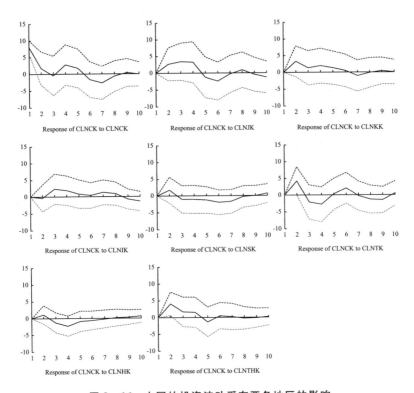

图 3 - 16　中国的投资波动受东亚各地区的影响

注：CLNK、CLNJK、CLNKK、CLNIK、CLNSK、CLNTK、CLNHK、CLNTHK
分别为中国、日本、韩国、印尼、新加坡、中国台湾、中国香港和泰国的投资
经过 HP 滤波后的波动部分。

4. 消费的脉冲响应分析

首先，我们来看中国的消费波动冲击对东亚各地区的影响。如图 3 - 17 所示。

从图 3 - 17 和图 3 - 18 中可以发现，中国的消费波动冲击对东亚各地区在初期都会存在一定程度的负向影响，并在第三期时影响达到最大，以后逐步减弱，趋向于零。中国的消费波动受中国自身影响较大，且为正向影响，但受东亚其他地区的影响并不大，都在零附近。

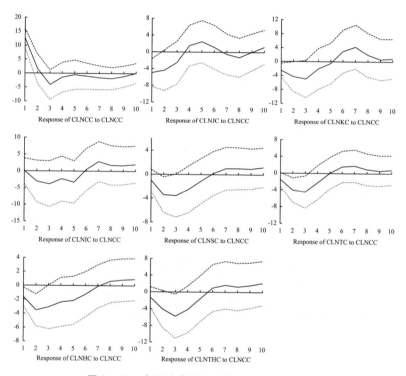

图 3-17 中国消费波动对东亚各地区的影响

注：CLNC、CLNJC、CLNKC、CLNIC、CLNSC、CLNTC、CLNHC、CLNTHC 分别为中国、日本、韩国、印尼、新加坡、中国台湾、中国香港和泰国的消费经过 HP 滤波后的波动部分。

综合以上分析可以发现，中国的经济波动冲击对东亚地区的经济影响比较强烈，但与之相对应的是，在东亚地区，除了韩国以外，中国受到其他地区的影响并不大，这也显示了中国在东亚地区的主体地位。

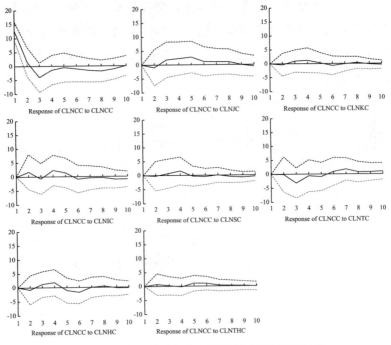

图 3 – 18　中国的消费波动受到东亚各地区的影响

注：CLNC、CLNJC、CLNKC、CLNIC、CLNSC、CLNTC、CLNHC、CLNTHC 分别为中国、日本、韩国、印尼、新加坡、中国台湾、中国香港和泰国的消费经过 HP 滤波后的波动部分。

六　结论

本文首先对金融稳定的评价体系进行了理论综述，在此基础上，结合中国的实际情况，确定了不良贷款率、银行同业拆借利率、实际有效汇率、房地产价格指数、股票波动指数（以沪市 A 股的加权市盈率表示）、M2/GDP 六个指标，并利用中国 2005 年 1 月到 2013 年 12 月的月度数据，采用因子分析方法，构建了金融稳定指数，指数较好地描述了中国的经济运行态势，并且可以发现以下几个结论。第一，在 2005 年 1 月到 2013 年 12 月，中国大概有15%的时间处于极度金融不稳定状态，主要集中在2007～2008年，这与当时的国际经济环境有密切关系。第二，在次贷危机以后，中国整体的金融稳定状况指数一直呈现下降态势，说明我国针对经济危机采取的宏观调控措施取得了良好的效果。第三，根据金融状况指数和货币状况指数的演变趋势可以发现，我国的货币状况指数呈现波动幅度大、波动频率高的特点，并且从一年的角度来看，下半年的金融不稳定程度要高于上半年的金融不稳定程度。而这与中国特有的宏观调控措施和信贷发放方式有关。之后本文利用构建的三个指数，运用中国的宏观经济变量，分析了它们之间的联系，得到以下结论。第一，GDP的波动是金融不稳定的格兰杰原因，但是反之不成立。外商直接投资也是金融不稳定的格兰杰原因，但是反之不成立。但是金融不稳定是制造业采购经理人指数的格兰杰原因，反之不成立。第二，金融不稳定和经济波动之间存在较为明显的相互影响，但是这种影响在长期内的效果是不对称的。金融不稳定对经济波动的冲击会在一定的时期内趋向于零，但是反之，经济波动对金融不稳定的冲击则一直呈现长期的负向影响。第三，金融不稳定自身和经济波动是解释金融不稳定变化的最重要的两个因素。

在分析完金融不稳定与中国经济波动的联系之后，本文又利用相关数据分析中国的经济波动和东亚地区经济的波动的相互影响，结果发现中国对东亚其他地区的影响力较强，而且除了韩国以外，中国的经济波动受到东亚其他地区经济波动的影响并不大，这也显示了中国经济在东亚地区的主体地位。

第四章　金融稳定和货币稳定的关系

一　前言

自从有金融活动开始，伴随着金融的各种各样的不稳定也就产生了，进而也引发了各种各样的危机，从 17 世纪荷兰的"郁金香泡沫"到最近的次贷危机和欧债危机，在人类有记载的大概 400 年的金融历史中，Kindleberger（1993）指出，大约每隔 10 年就会发生一次危机。由于在经济危机期间，经济会出现衰落，生活水平会下降，人们普遍性地认为金融危机不是好事，一旦发生经济危机或者衰落，社会便会出现恐慌。因此，避免经济危机的出现或者迅速平滑经济危机的影响、维持经济的稳定发展、消除人们的恐慌便成为政府的一个主要职能。但是这个过程演变的历史很长，而且很复杂。世界上最早的中央银行——瑞典银行诞生于1668 年，之后不久英格兰银行诞生。英格兰银行的诞生对于维持欧洲在 18 世纪、19 世纪的金融稳定起到了重要作用。许多经济学家，比如 Bordo（1986）将英国在 1870～1933 年金融危机的消失归因于英格兰银行的中央银行业务经验以及极其有效的调整贴现率的能力。而法国和德国也很少发生银行业恐慌，根据 Kindleberger（1993）的观点，也是英格兰中央银行的作用才造成了法国和德国银行业的稳定。

美国的银行体系与欧洲有所不同。亚历山大·汉密尔顿（Alexander Hamilton）作为美国的开国元勋和第一任财政部部长，他对美国金融业和中央银行的发展起到了重要作用。在他的倡导下，美国建立了第一个联邦授权的大型银行，这就是合众国第一银行（The First Bank of the Unite States 1791－1811）和合众国第二银行（The Second Bank of the Unite States 1816－1836）。然而，权力的过度集中使人们开始对这些机构深感不安。在第二银行的一篇报告中，约翰·昆西·亚当（Adams John Quincy）写道："永久的权力，乃是为邪恶的力量，即使掌握着全能者手中。"此后不久在民众当中引发了是否需要向第二银行续发特许权状问题的讨论，尽管国会提出了续期提案，但是时任美国总统安德鲁·杰克逊（Andrew Jackson）否决了该提案，并以此作为最终决议。而且以后美国对银行的分散呈现极度的热情，1836～1914年，美国不存在中央银行。可以说，在此期间，美国的金融体系是高度分散化的，而且美国没有建立起在全国有分支网络的大型银行，而管制方面，各州都有权利对自己州内的银行系统进行管制，不存在全国性的统一的监管体制。根据记载，1837年和1857年，美国分别发生了严重的银行业恐慌，而恐慌之后都出现了萧条和严重的经济衰退。

1861年，美国南北内战爆发，战争对融资有了极大的需求。1863年和1864年的《国家银行法》（The National Bank Acts）的出台使一个全国性的银行体系建立起来。但是这两个法案赋予银行的权力有限，尤其是1864年法案，银行被限制在单一的地理位置上。虽然全国性的银行体系已经建立起来了，然而恐慌以及萧条等问题并没有消失，1873年、1884年、1907年都爆发银行业危机。而随着美国经济的迅猛发展，美国银行业的危机已经为影响欧洲发展的一个重要因素，有关美国是否应该建立中央银行的争论已经成为一个重要的课题。在这样的背景下，美国的国家货币委员会进行了调查，并于 1914 年建立了联邦储备体系。与欧洲的中央银行不同，美国的中央银行即美国联邦储备银行并不是集中，而是由各地区的储备银行组成的一个委员会，决策权力分散到各个地区。即使这样比较完备的中央银行体系已经建立起来了，但是美国依然没有能够阻止银行业的危机，大萧条依然不可避免地发生了。1933 年，美国银行业又遭受到了一次大规模的恐慌袭击，此后不久格拉斯－斯蒂格尔法案（The Glass-Steagall Act of 1933）引入了储蓄保险并开始了商业银行和投资银行的分业经营，1935年《银行法》扩大了联邦储备系统的权利并改变了其运作方式。自此美联储的改革才初步完成，并成功地实现了对银行危机的控制。根据《联邦储备法》，联邦体系要能够实现权力在地区之间、私人部门和政府之间以及银行家、工商业者和公众之间的分散，最初的分权使联邦储备体系演变为下列实体：联邦储备银行（Federal Reserve Banks）、联邦储备委员会（Board of Governors of the Federal Reserve System）、联邦公开市场委员会（Federal Open Market Committee，FOMC）、联邦咨询委员会以及大约 2900 家成员商业银行。政策工具主要有公开市场操作、贴现率和法定存款准备金率。

第二次世界大战以后，全球也爆发了几次金融危机，比如，20 世纪 70 年代的石油危机、80 年代的斯堪的纳维亚金融危机和日本金融危机、90 年代的亚洲金融危机和俄罗斯金融危机、2001～2002 年的阿根廷金融危机，以及 2008 年的美国次贷危机和随后的欧洲债务危机等。所有这些危机使金融稳定性的研究一直是经济研究中的一个热点，中央银行的职能当中也包括保持金融稳定。金融稳定报告现在已经成为许多国家的中央银行需要发布的一个报告，Sander Oosterloo 等（2007）曾经对各国发布的金融稳定报告（Financial Stability Reviews）进行过经验研究，认为金融稳定报告对于加强中央银行维护金融稳定的重视、增强各机构之间的合作、防止金融不稳定的发生都具有重要作用。那么究竟什么是金融（不）稳定，有哪些因素影响金融（不）稳定，金融不稳定会造成什么影响就成为我们研究的问题。

二　金融（不）稳定的定义

对于金融稳定或者不稳定的定义，就要涉及金融的本质。金融也就是资金融通，简单点说就是将资金有效地配置到生产效率最高的地方。有关金融不稳定的研究可以追溯到货币不稳定的研究方面。马克思（1867）在有关资本主义的论述中，就提到了货币的不稳定，在市场供求当中，商品的价格和价值发生背离，从而使货币的购买力发生变化，货币的支付只能使该矛盾进一步加剧，当某些债务人不能按期支付欠款时，某些债权人就有破产的风险，进而引发一系列的连锁反应，造成货币乃至金融的不稳定。马克思（1894）针对 1877 年欧洲经济危机中大量银行的倒闭提出了银行体系的内在脆弱性。由于银行等金融中介的存在，私人资本被转化为社会资本，而虚拟资本运作的相对独立性以及监管的缺乏为银行信用的崩溃提供了条件。凯恩斯（1931）则对货币职能和特征进行了深刻的分析，提出了流动性陷阱的概念，并指出货币具有不稳定性，并由此造成人们持币待购，打破了货币收入和支出的平衡关系，造成供求失衡，最终导致有效需求不足，发生了金融危机。Fisher（1933）对此进行了深入研究。他认为金融体系的不稳定与宏观经济周期密切相关，尤其是与债务清偿有重要联系。当经济基础恶化时，债务违约行为增加，从而进一步恶化经济环境，形成恶性循环。凯恩斯（1936）提出了金融不稳定的运行机制。他将市场经济中的金融交易作为不确定的、充满风险的经济行为进行分析，特别关注在不确定情形下人们的预期、对风险形成的判断和信心。经过研究发现，在不确定的前提下，投资由资产额预期收益折算成现值的贴现率决定，投资变化可以使整个经济态势发生变化。人们在投资中的"动物精神"（animal spirit）和羊群效应（the effect of sheep flock）会使人们过度乐观而导致抢购的狂潮，而一旦受到一个小的冲击，便会产生巨大的力量使边际效率受到冲击，可能导致经济出现衰退。

Otmar Issing（2003）认为，目前绝大多数经济学家是以金融不稳定的现象来定义金融不稳定，而金融不稳定的特征主要有资产价格波动、金融机构的困境以及由此产生的不利影响。而真正的本质上、为大众所认可的定义目前还不明确。我们也整理了一些目前研究当中比较常见的金融不稳定的定义。最为普遍的定义是 Mishkin（1991、2000）提出的，他认为当一个普遍存在的金融系统能够得到长久的维持，没有任何断裂，而且能够有效地将储蓄配置到最优的投资机会时，该金融系统就是稳定的。当对金融体系的冲击妨碍到信息流动，以至于金融体系不能进行有效的投资分配时，金融不稳定便产生了。Andrew Crockett（1997）认为金融稳定主要是指构成金融体系的主要机构和市场的稳定，而金融不稳定则是指金融机构和金融市场的不稳定。金融机构的不稳定在于盈利的缺失有造成金融交易双方之外的重大经济损失的可能性。不论是小的金融机构的偶然的失败还是大型金融机构的巨大损失，由于它们作为金融中介的职能，都会对金融以及整个经济造成重要影响。而金融市场的不稳定则在于价格的迅速变动会造成更为广泛的（不仅包括金融体系内部）经济损失。资产价格的迅速波动会对人们的现在收入以及未来收入预期造成严重影响，进而造成人们行为方式（消费和投资）的改变，并对经济造成一系列的伤害，这也就造成了金融市场和整个经济的不稳定。Haldane、Hoggarth 和 Saporta（2001）给出了一个更为普遍的有关金融稳定性的定义，该定义与经济的储蓄－投资（saving-investment）状况有关。金融体系资金配置功能的不健全或者受到冲击，导致储蓄－投资计划偏离了最优的计划。金融不稳定通常与资产价格的波动性联系在一起。Bernanke 和 Gertler（1990）认为金融不稳定是潜在的借款者由于自身项目与自有的较少的资金之间的不匹配，在借贷中存在代理问题并加剧了信贷市场的摩擦（通过资产负债表渠道）。国际货币基金组织（2003）认为金融不稳定是指在一定的时期，金融市场的扰动破坏了系统提供支付服务、风险定价和转移风险以及合理配置信贷和流动性的能力，并且潜在地造成了实际经济活动的衰退。Ferguson（2003）从三个基本标准来定义金融不稳定，第一，一些重要的金融资产价格迅速下降（从基本面）。第二，市场从国内外市场融资的能力受到了显著破坏。第三，总支出明显地偏离了经济所能提供的消费能力（无论是过度还是不足）。John Driffill 等（2006）认为从货币政策决策角度来看，金融不稳定的定义需要包含起源。简单地讲，金融不稳定的起源是因为经济活动的代表性个体（作为消费者、投资者、政府或者金融中介）的行为累积了过多的金融风险。Borio 和 Drehanmann（2009）区分了金融危机和金融不稳定，他们认为，金融危机是一个事件，在这个事件中，金融制度的失灵会引起或威胁到实际经济的资源错配。而金融不稳定是指一种状态，在这种状态中，一个标准规模的冲击可以有效地推动金融体系爆发金融危机，此时这种金融体系亦可以被称为脆弱的。

对于影响金融不稳定的因素，Mishkin（2000）认为有四个因素会导致金融不稳定。第一，利率的变动。信息不对称和由此导致的逆向选择问题会造成信贷配给，即一些借款者即使在提高利率的情况下也借不到钱。此外，利率的增加会对银行的资产负债表也有负面影响，对传统银行而言，"borrowing short and lending long"，作为主要的金融中介，银行资产负债表的不稳定也会对金融不稳定造成巨大影响。第二，不确定性的增加。金融市场上不确定性的迅速增加，会造成重要的金融机构或者非金融机构的失败、经济衰退、政治不稳定以及股票市场的崩溃，因而人们更难进行融资，金融不稳定会进一步恶化，很有可能会形成恶性循环。第三，资产市场的资产负债表效应。非金融机构和银行的资产负债表的状况是评判金融系统的信息非对称问题的一个重要标准。资产负债表的恶化会使金融市场的逆向选择和道德风险问题更加严重，从而加剧金融不稳定问题。而金融系统解决该问题的一个重要方法就是利用抵押担保。第四，与工业化国家相比，新兴市场国家面临更多的导致金融不稳定的冲击，比如，未预期到的汇率贬值问题。

三　金融稳定和货币稳定的关系

Bennett T. McCallum（1994）研究了货币政策规则和金融稳定之间的关系，认为中央银行在遵循宏观货币政策目标的同时，要扮演好金融体系最后贷款人（Lender-of-last-resort）的角色。Kisan 和 Opiela（2000）认为规模较小的银行对危机事件的反应是最大的，尤其是在资本化程度较低时。而且如果各个银行之间的金融稳定程度不同的话，那么也会影响到货币政策的传导机制。Otmar Issing（2003）对货币稳定和金融稳定之间是否存在 trade-off 进行了论述，货币稳定和价格稳定可以被视为同义词。传统观点对价格稳定和金融稳定之间存在 trade-off 持怀疑态度，原因在于通货膨胀通常被视为引起金融不稳定的首要因素。他认为货币稳定和金融稳定之间不存在一般意义上的 trade-off。但是在特殊的环境下比如"new environment hypothesis"（"新环境假设"）下，它们之间是否存在 trade-off 就变得比较复杂了。"新环境假设"是指以实现货币稳定为目标的货币政策造成了金融体系的动荡，加大了金融体系的潜在风险，不利于金融稳定。Borio English 和 Filardo（2003）在文章中检测了两种对立的视角，"continuity" VS "new environment hypothesis"，"continuity"观点认为传统的政策模型是可靠的，在面对具体问题时，需要在一个相当稳定的宏观经济环境或者所谓的"模型经济"中加入各种冲击。而"new environment hypothesis"观点认为在长期的低通胀的环境当中会产生乐观的预期，继而影响经济行为，导致整个经济环境发生质的变化。但是这样的改变不能由传统的模型进行解释，因此需要对传统的政策指导原则进行修改，在具体的修改当中，要对金融不平衡赋予较大的权重。Schwartz（1995）认为价格（货币）稳定是金融稳定的一个充分条件，并提出了 Schwartz 假设，即维护货币稳定的货币政策同样也可以实现金融稳定。但是成立依赖于两个条件：第一，通胀率的波动，在某种程度上是不可预测的；第二，借款人和贷款人不能完全对冲所有因通胀变动带来的不确定性。Bordo 和 Wheelock（1998）认为价格稳定可以促进金融稳定，在长期中，价格稳定和金融稳定是一个相互增强的关系。Bordo、Dueker 和 Wheelock（2000）对 18 世纪末到 20 世纪 80 年代美国、英国和加拿大发生的系统性和非系统性金融危机以及通货膨胀现象进行考察，发现金融危机通常都出现在由持续的通货膨胀转变为通货紧缩这样的价格水平急剧变化的环境中，因此货币不稳定对金融体系的不稳定是有影响的。Kent 和 Lowe（1997）以及 Brousseau 和 Detken（2001）认为一个着眼于长期货币稳定的货币政策，不可能避免短期内通货膨胀超过可接受的水平，因为金融体系内部不稳定的潜在因素使短期内必须接受超额的通货膨胀。Bordo 和 Jeanne（2002）认为金融危机发生的可能性和损失是不对称的，即发生的概率很小，但一旦发生，损失巨大。这样就使货币政策的调节很谨慎，继而使通货膨胀的水平在短期内会超过预期值。Herrero 和 Rio（2003）利用 Caprio 和 Klingebiel（2003）提供的银行危机的数据，对银行危机的发生和中央银行货币政策目标之间的关系进行了统计回归，发现在其他条件给定的情况下，一般来说，将中央银行的政策目标专注于货币和价格的稳定降低了银行危机发生的可能性，但依据不同的情形会有所不同，Cukierman（1992）认为保持低通胀的这个政策要求迅速和实质性地提高利率，如果银行反应较慢，就会加大利率不匹配，从而面临较大的市场风险。Borio 和 Lowe（2002）认为对中央银行保持货币稳定的信任可以减小通货膨胀的压力，使价格和工资保持黏性，但同样可能促使金融不平衡在金融体系内部积累。Graeve、Kick 和 Koetter（2008）将微观的道德风险模型和宏观模型结合起来分析金融不稳定和货币政策，并确认了宏观货币稳定和金融稳定之间存在 trade-off，一个未预期到的紧缩的货币政策可以增加金融不稳定发生的概率。Goodhart 和 Osorio（2009）在标准的 DSGE 模型中加入了流动性（liquidity）、内源性违约（endogenous default）和消费者的异质性（agent heterogeneity）来分析金融稳定，通过内源性违约和流动性，冲击的传导机制得到了更好地阐释，而且更好地描述了它们对金融稳定的中短期影响。

四　模型分析

王自力（2005）构建了一个投资 - 通胀模型来分析货币稳定和金融稳定的关系，并揭示了长期货币稳定对金融稳定的促进作用。在 Kent 和 Lowe（1997）的模型中，他们发展了一个理论框架用以分析货币政策对于资产价格泡沫的反应。资产价格迅速而强烈的下降，对金融系统稳定具有明显的负面效应。泡沫的破灭可以减少金融中介的扩张，使产出下降到潜在水平以下，以及使通胀水平低于政府目标水平。黄佳和朱建武（2007）的模型则在 Kent 和 Lowe（1997）的基础上，构建了一个四期二叉树模型来分析货币稳定和金融稳定的关系。本研究拟在 Kent 和 Lowe（1997）以及黄佳和朱建武（2007）的基础上，构建相关模型分析货币稳定与金融稳定的关系。

（一）模型假定和结构

我们假定：①资产价格的上升或者下降对商品和服务的价格通常具有不对称效应，也就是说，金融稳定和货币稳定密切相关，但金融膨胀和金融衰退对通货膨胀和通货紧缩的影响具有不对称性。②资产价格泡沫爆发的概率受到利率水平的影响。③模型用 π_t 表示 t 期货币稳定指标（通胀水平与目标水平的离差），F_t 表示 t 期金融稳定指标（资产价格对其基本面的偏离），R_t 为 t 期利率与自然率的差值。根据以上假定，模型具体设为：$\pi_t = \alpha F_t + \beta D_t \triangle F_t + \gamma R_{t-1}$，其中 $\alpha \geq 0$，$\beta \geq 0$，$\gamma \leq 0$。D_t 为虚拟变量，当金融稳定指标 F_t 值降低时取 1，否则取 0。泡沫在下期破灭的概率 p_{t+1} 与当期利率 R_t 存在一定的联系，即 $p_{t+1} = \phi + \varphi R_t$，其中 $\varphi \geq 0$。如果泡沫没有破灭，那么在下期将以速度 g^* 继续扩张，即 $F_{t+1} = (1 + g^*) F_t$，为简单起见，假定每期扩张的速度一样。

（二）模型的动态分析

当 $\gamma = 0$ 时，利率与自然率离差的变动对通货膨胀没有影响。此时对参数进行取值，可以分为四种情形：$\alpha = 1$，$\beta = 1$（金融通胀伴随着通货膨胀，且两者状态同步）；$\alpha = 1$，$\beta = 2$（金融通胀伴随着通货膨胀，但两者之间存在不对称效应）；$\alpha = 1/2$，$\beta = 1$（金融膨胀但在泡沫积累过程中没有出现严重的通货膨胀倾向）；$\alpha = 1/2$，$\beta = 2$（金融膨胀，并没有出现严重的通货膨胀，但此时存在严重的不对称效应）。黄佳和朱建武（2007）曾经结合世界上出现的金融危机根据这四种状态建立了四期二叉树模型进行动态分析，发现虽然金融不稳定和货币不稳定同时出现并最终导致危机的情形并不多见，但后两种状态的存在说明中央银行现行的维护货币稳定的货币政策框架并不一定能够实现金融稳定。当利率处于自然率水平时，$R_{t-1}=0$，此时的分析与 $\gamma=0$ 时类似。

当 $\gamma \neq 0$ 时，而且利率与自然率之间存在离差。此时离差的变动对通货膨胀具有影响。注意到 $p_{t+1}=\phi+\varphi R_t$，为简单起见，假定 $\phi=0.5$。对参数进行取值，即在 $\alpha=1$，$\beta=1$，$\gamma=-1$ 时，此时 $\pi_t=F_t+D_t\triangle F_t-R_{t-1}$，即金融通胀与通货膨胀之间存在同步效应，但该种同步效应会由于利率的影响而有所调整。当泡沫破灭时，$D_t=1$，$\pi_t=F_t+D_t\triangle F_t-R_{t-1}$。当泡沫不会破灭时，金融将在下期以速度 g^* 继续扩张，即 $F_{t+1}=(1+g^*)F_t$，为简单起见，假定每期扩张的速度一样，此时 $\pi_t=F_t-R_{t-1}$。当 $\alpha=1$，$\beta=2$，$\gamma=-1$ 时，当 $\alpha=\dfrac{1}{2}$，$\beta=1$，$\gamma=-1$ 时，当 $\alpha=1/2$，$\beta=2$，$\gamma=-1$ 时，对这四种情形进行分析可以发现，在加入了利率因素时，通货膨胀和金融膨胀之间的关系会有所调整，也就是说，考虑利率因素的货币政策对实现金融稳定具有重要的意义。

五　经验验证

本研究建立 VAR 模型来描述经济运行状况，着重分析货币稳定与金融稳定之间的动态关系。变量包括国内生产总值（GDP）、国内生产总值的增长速度（RGDP）、居民消费价格指数（CPI）、上证收盘综合指数（SZZS）、货币和准货币量（M2）、银行间同业拆借利率（SHIBOR）。数据均为 1998 年 1 月到 2012 年 11 月的月度数据，目前学界有关月度 GDP 有两种算法，一种是插值法，另一种是利用工业增加值进行转换。本文采用的月度 GDP 数据是利

用工业增加值进行转换并做相应调整之后得到的。数据来源为
Wind 数据库。

（一）M2/GDP

首先对 M2/GDP 进行数据统计分析，可以得到图 4-1 和图 4-2。

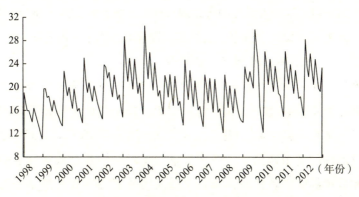

图 4-1　1998～2012 年 M2/GDP

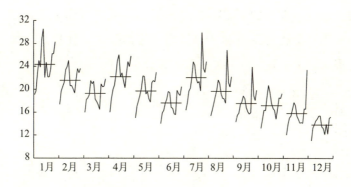

图 4-2　RM2GDP

注：其中 $RM2GDP = M2/GDP$，数据从 1998 年 1 月到 2012 年 11 月。
资料来源：Wind 数据库。

由图 4-1 和图 4-2 可以发现，我国的 $M2/GDP$ 带有明显的
季节特征，在年初的时候比值较高，然后逐步下降，直至在年末
达到最低值，而且近年来我国的 $M2/GDP$ 呈现逐渐上升的趋势。
这应该与我国的信贷特点和经济结构有一定的联系，由于国家的

信贷量的控制，作为我国主要融资渠道的银行在年末的时候往往惜贷，在年初的时候集中发放贷款，这就直接导致 M2 在年初的时候数值会比较高。我国的经济发展一直是由投资、出口和消费"三驾马车"拉动的，其中尤以投资为甚，而且从 2007 年次贷危机开始，国家启动了四万亿元的财政刺激计划，极大地提高了 M2 的供应量，使我国 *M2/GDP* 水平一直较高，而且有逐渐上升的趋势。

（二）M2 和 CPI 以及上证指数

从图 4 - 3 可以发现，货币存量（M2）与居民消费价格指数（CPI）之间存在逆向关系，也就是说，在中国的货币政策调控体系中，货币存量（M2）是一个重要的调整通胀的手段，而且是一个反通胀的货币政策。一般情形下，反通胀的货币政策会恶化企业和居民的资产负债表，而企业和居民是通过存款和贷款业务以及债券和股票投资与金融机构发生关系的，企业资产负债表的恶化又会通过一系列的信贷渠道反作用于金融机构和证券市场，进而造成不良贷款的累积和证券市场价格的波动，促进发生金融不稳定现象。下面将结合上证指数进行分析。

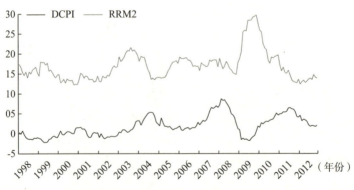

图 4 - 3　CPI 与 M2 增速的关系

注：其中 DCPI 为居民消费价格指数，RRM2 为 M2 的增长速度。数据采集时间为 1998 年 1 月到 2012 年 11 月。

资料来源：Wind 数据库。

加入上证指数之后可以得到图 4 - 4。

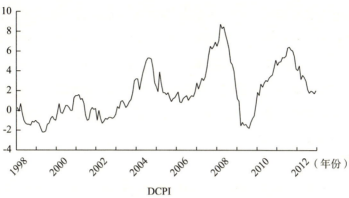

DCPI

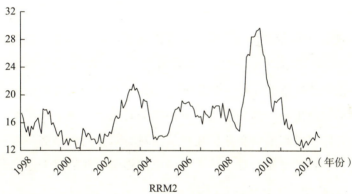

RRM2

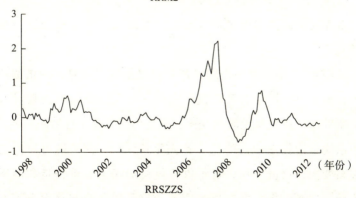

RRSZZS

图 4 - 4　CPI、M2 增速与上证指数变化率的关系

　　注：其中 DCPI 为居民消费价格指数，RRM2 为 M2 的增长速度，RRSZZS 是上证指数的增长。

中国的上证指数与 CPI 之间存在一定的联系，但并不紧密。一般情形下，高通胀时期，人们都会选择多元化的投资渠道，而股市也是人们投融资的一个重要渠道。但是，中国从 1998 年 1 月到 2012 年 11 月的四个高通胀时期，也只有 2007 年前后中国的股市和 CPI 同时走高，其余时间关联性并不强。简单地说，作为躲避通胀、促使资金保值增值的一条重要渠道，中国的股市在这方面的作用并不强。

六　VAR 模型分析

对 GDP 的增长速度、居民消费价格指数（CPI）、上证指数的变化率、货币供应量（M2）、银行间同业拆借利率（SHIBOR）以及房地产价格指数进行综合分析。VAR 模型作为处理多个相关经济指标的分析和预测的模型，应用较为普遍，常用于预测相互联系的时间序列系统以及分析随机扰动对变量系统的动态冲击，从而揭示各种经济冲击对经济变量形成的影响。我们对上述变量建立 VAR 模型并进行脉冲响应。

首先对居民消费价格指数与各变量间的关系进行分析（见图 4-5）。

从图 4-5 中可以发现居民消费价格指数对本身的冲击的反应较大，但在第二期左右开始慢慢下降。居民消费价格指数对 GDP 增长率冲击的反应呈现波动变化，一直到第 8 期左右趋向于零，对货币供应量增长率冲击的反应首先是负向的，然后随着时间的推移逐渐变大，也就是说，货币供应量对居民消费价格指数的影响有滞后，这对以货币供应量为主要调控手段的中国货币政策有一定的借鉴意义。上证指数的变化率冲击对居民消费价格指数的影响呈现一直上升态势。而居民消费价格指数对银行间同业拆借利

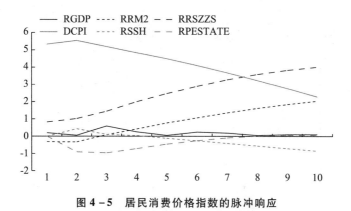

图 4 - 5　居民消费价格指数的脉冲响应

注：其中 RGDP 为 GDP 的增长率，RRM2 为 M2 的增长率，RRSZZS 为上证指数的变化率，DCPI 为居民消费价格指数，RSSH 为七天期银行间同业拆借利率，RPESTATE 为房地产价格指数。

率（七天期）冲击的反应则有一个先扬后抑的过程，相对应的，对房地产价格冲击的反应则是一个先抑后扬的过程，而后逐渐趋近于零。

其次我们对上证指数与各变量的关系进行分析。

从图 4 - 6 中可以发现上证指数对各变量冲击的反应。其中房地产价格冲击对上证指数的影响为负，且较为持久。而居民消费价格指数冲击对上证指数的影响则是先正后负，在第四期左右为零，然后慢慢下降。而 GDP 增长率与银行间同业拆借利率冲击对上证指数的影响一直较小。

七　方差分解

对 GDP 的增长速度、居民消费价格指数（CPI）、上证指数的变化率、广义货币供应量（M2）、银行间同业拆借利率（SHIBOR）以及房地产价格指数进行方差分解，然后进行综合分析，具体如表 4 - 1 至表 4 - 4 所示。

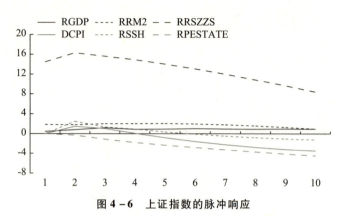

图 4 - 6　上证指数的脉冲响应

注：其中 RGDP 为 GDP 的增长率，RRM2 为 M2 的增长率，RRSZZS 为上证
指数的变化率，DCPI 为居民消费价格指数，RSSH 为七天期银行间同业拆借利
率，RPESTATE 为房地产价格指数。

表 4 - 1　M2 的方差分解

Period	S. E.	RGDP	RRM2	RRSZZS	DCPI	RSSH	RPESTATE
1	0. 009455	0. 715769	99. 28423	0. 000000	0. 000000	0. 000000	0. 000000
2	0. 012525	1. 842867	96. 67680	0. 011471	1. 319892	0. 122609	0. 026362
3	0. 014919	2. 126747	95. 50819	0. 044221	2. 033677	0. 255822	0. 031343
4	0. 016740	2. 021328	94. 72968	0. 091411	2. 729350	0. 395921	0. 032310
5	0. 018271	1. 982558	93. 67336	0. 186929	3. 363763	0. 702522	0. 090865
6	0. 019577	1. 987937	92. 38275	0. 355285	3. 973935	1. 059507	0. 240588
7	0. 020712	1. 923403	90. 93479	0. 629114	4. 548632	1. 476961	0. 487103
8	0. 021714	1. 863526	89. 30347	1. 027112	5. 069834	1. 916479	0. 819582
9	0. 022613	1. 821502	87. 50153	1. 574831	5. 516785	2. 359461	1. 225888
10	0. 023427	1. 769320	85. 57753	2. 291458	5. 881395	2. 789364	1. 690936

表 4 - 2　居民消费价格指数 CPI 的方差分解

Period	S. E.	RGDP	RRM2	RRSZZS	DCPI	RSSH	RPESTATE
1	0. 005414	0. 133241	0. 340336	2. 288800	97. 23762	0. 000000	0. 000000
2	0. 007890	0. 067099	0. 338417	2. 750024	95. 22162	0. 297815	1. 325026

续表

Period	S. E.	RGDP	RRM2	RRSZZS	DCPI	RSSH	RPESTATE
3	0. 009625	0. 412373	0. 234790	4. 089894	93. 15329	0. 211484	1. 898166
4	0. 010991	0. 369767	0. 323173	6. 433613	90. 83194	0. 163295	1. 878213
5	0. 012162	0. 303397	0. 657862	9. 364352	87. 85388	0. 143338	1. 677169
6	0. 013207	0. 290658	1. 206574	12. 72501	84. 15584	0. 161262	1. 460656
7	0. 014168	0. 269138	1. 957576	16. 39788	79. 87539	0. 226265	1. 273747
8	0. 015067	0. 239042	2. 880882	20. 17708	75. 23844	0. 338253	1. 126297
9	0. 015916	0. 218301	3. 926425	23. 88606	70. 45753	0. 501022	1. 010668
10	0. 016721	0. 201582	5. 046939	27. 40817	65. 71344	0. 712739	0. 917131

表 4 - 3　房地产价格指数的方差分解

Period	S. E.	RGDP	RRM2	RRSZZS	DCPI	RSSH	RPESTATE
1	0. 006959	5. 505833	0. 022441	0. 025158	0. 043092	0. 022937	94. 38054
2	0. 010769	3. 613203	0. 132639	0. 128380	0. 025064	0. 152203	95. 94851
3	0. 013531	2. 354348	0. 338963	0. 692151	0. 076533	0. 129661	96. 40834
4	0. 015779	2. 034887	0. 699202	1. 664595	0. 333144	0. 108461	95. 15971
5	0. 017665	1. 950438	1. 157099	2. 831319	0. 854050	0. 090254	93. 11684
6	0. 019274	1. 734014	1. 654525	4. 079246	1. 676187	0. 078333	90. 77770
7	0. 020697	1. 610452	2. 156566	5. 323380	2. 782922	0. 070008	88. 05667
8	0. 021959	1. 556625	2. 637590	6. 445765	4. 150627	0. 064471	85. 14492
9	0. 023070	1. 477261	3. 068044	7. 386682	5. 768040	0. 061603	82. 23837
10	0. 024053	1. 410552	3. 431101	8. 121317	7. 597216	0. 060953	79. 37886

表 4 - 4　上证指数的方差分解

Period	S. E.	RGDP	RRM2	RRSZZS	DCPI	RSSH	RPESTATE
1	0. 146008	0. 089688	1. 594867	98. 31544	0. 000000	0. 000000	0. 000000
2	0. 221606	0. 170697	1. 338234	96. 77535	0. 444713	1. 251757	0. 019252
3	0. 272875	0. 301853	1. 420440	96. 59501	0. 433019	1. 070610	0. 179064
4	0. 312406	0. 307123	1. 499471	96. 48972	0. 330705	0. 908421	0. 464559
5	0. 344125	0. 322940	1. 589131	96. 16591	0. 327650	0. 758177	0. 836188

Period	S. E.	RGDP	RRM2	RRSZZS	DCPI	RSSH	RPESTATE
6	0.370189	0.355810	1.649968	95.57912	0.464951	0.655924	1.294228
7	0.391733	0.374840	1.682801	94.75684	0.737837	0.601708	1.845970
8	0.409593	0.392490	1.685332	93.70109	1.128795	0.588783	2.503506
9	0.424426	0.417579	1.660490	92.43086	1.612538	0.609461	3.269070
10	0.436738	0.441124	1.615228	90.99209	2.158171	0.654571	4.138815

从 M2 的方差分解表可以发现，居民消费价格指数、上证指数和利率（银行间拆借利率）对 M2 的影响较大，从居民消费价格指数的方差分解表来看，对通胀水平影响较大的是 M2 的增速和上证指数的变化。而对房地产价格指数贡献程度较高的是上证指数和通货膨胀水平，相对应的，对上证指数影响较大的是通货膨胀水平和房地产价格指数。

从上面的方差分解表可以发现，在中国，上证指数、通货膨胀水平和房地产价格之间联系较为紧密，利率对上证指数和通货膨胀水平的影响并不是特别显著。这与我国将货币供应量作为主要的货币调控手段有关。结合前面的理论分析，我们可以发现，为了更好地实现金融稳定，在制定货币政策时，需要将利率因素考虑进去。

八　结论

通过理论分析发现，利率对维护货币稳定和金融稳定有积极意义，而实证表明中国的货币政策当中利率的影响微乎其微，因此，在以后的货币政策制定过程当中，为了更好地实现金融稳定，需要更多地运用利率调控手段。

第五章　中国金融改革的制度经济学视角分析

一　理论综述

中国的金融改革是在经济体制改革进行到一定阶段，由于金融资源的配置不能满足经济发展的需要而进行的，是经济体制改革的一部分，也是渐进的市场化改革。与以前的非金融领域的经济体制类似，我国金融体系中，国家所有制是主要的所有权制度。无论是银行、证券还是保险公司，背后都有国家的影子，我国进行的金融改革从本质上而言就是重新定位政府和市场在金融领域的关系问题。党的十八届三中全会《中共中央关于全面深化改革若干重大问题的决定》指出要使市场在资源配置中起决定性作用和更好地发挥政府作用。目前正在进行的利率市场化改革和资产证券化改革就是要使金融资本的定价和配置市场化。

另外，中国经济的转型不仅仅是政府和市场关系重新定位，而且还有农业经济向工业经济的转型。不仅如此，中国目前不仅没有彻底完成工业化转型，需要进行新型城镇化等各种相关方面的改革，而且还面临人口老龄化趋势，"未富先老"已然成为中国经济体制改革面临的一个困境。如何在这样一个"未富先老"的困境下开展金融市场化改革是一个值得研究的问题。本书拟采用制度经济学的方法来考察这个问题。

有关制度经济学研究的文献可谓汗牛充栋，有关中国经济体制改革和金融市场化改革的文献也有很多，利用制度经济学来研究中国经济体制改革和金融市场化改革的文章数不胜数。本书的研究则是从金融不稳定的视角出发，结合人口老龄化的背景，来考察中国金融体制改革的逻辑，并在此基础上提出相应的政策建议。

从新制度经济学来看，制度是"一个社会的游戏规则，更规范地说，它们是为决定人们的相互关系而人为设定的一些制约。制约构成了人们在政治、社会或经济方面发生交换的激励结构"。制度通过一系列的规则约束了人们之间的关系，包括社会关系、政治关系和经济关系等，帮助交易主体形成稳定的预期，减少竞争中的不确定性和交易费用。可以说，制度有助于减轻不确定性。而对金融而言，不确定性则是把"双刃剑"。

金融，从字面理解是指"资金的融通"，将资金配置到能产生最优收益的时间和空间，是金融的基本功能。就目前的全球金融结构而言，包括两方面，一方面是建立信贷的政治经济结构，另一方面是包括货币体系和汇率体系在内的国际金融体系。对前者而言，建立信贷的权力是由政府和银行共享的，在这一点上，不管是计划经济还是市场经济，只要注重物质利益，建立一个信用创造体系就是必需的，两者的区别在于银行是国有的还是私有的。对国际金融体系而言，不论货币危机、经济危机等如何周期性地发生，各国的货币还是继续共存的。在经历了多次危机之后，政府就会发现，如果要使经济以及相关的政治体系免受灾难，银行创造信用的权力和政府印刷纸币创造信用的权力都必须用一定的方法加以监管。无论是政府滥发货币还是银行信用创造过度，都会造成严重的后果。但是一个发达的金融结构往往具有双重效果，一方面将资本配置到能产生最优收益的时间和空间，促进经济增长；另一方面增加了不平等性和不稳定性。发达的金融结构可以形成资本积累，然后就会利用积累起的资本所赋予的讨价还价的力量来剥削他人的劳动，增加不平等性。此外，银行在发达的金融结构中，会进行信用扩张，增加银行利润。但信贷的增加会引起金融体系发生混乱，乃至崩溃的风险，这点在金融不稳定理论中已经得到了详细阐述。此外，对政府自身而言，随着金融体系的发展，政府开始制定银行规则，制定金融交易和金融市场活动的规则，对政府而言，信用创造是一种新的权力源泉，因此，政府会按照统治集团（阶级）和国家官僚机构的自身直接利益出发来规范金融体系，这也是我们考察中国金融改革的理论逻辑的出发点。

从制度经济学的角度来看金融，也就是制度金融学，认为货币的本质是人们在产权交易中普遍接受的交易媒介，是降低交易成本的重大制度创新（江春，2002）。而相应的金融的实质就不仅仅是资金的融通，而是财产的借贷。"金融活动实际上是盈余单位所拥有的'现在财产'同赤字单位所拥有的'将来财产'之间的交换，是财产的跨时交易活动。"从这个角度出发，可以发现，金融实际上就是一种产权交易活动，是产权的跨时跨地交易活动。金融工具是一种具有法律效力的合约，从制度经济学的角度来看，金融工具实际上就是拥有独立财产权的盈余单位和赤字单位在金融活动中所一致达成并共同签订的一种界定、区分、保护或约束双方所应享有的财产权利和所应承担的财产义务或责任的合约。金融工具的产权合约性质决定了金融市场本质上就是产权的交易场所，而金融机构则是为了降低产权交易成本而设定的企业，而货币产权的特殊属性决定了金融机构创造信用的权力，而金融机构创造信用的权力则与金融不稳定有密切的关系。

对中国的金融改革而言，从制度经济学的角度，尤其是从制度经济学中的利益集团理论进行分析的相关文献已经很多了。徐加根（2012）曾经对中国的金融改革的利益集团理论分析进行过综述。他是从金融监管、银行制度改革和证券市场制度改革三个方面进行划分的。

第一，金融监管方面。陆磊（2000）认为中国的金融机构体系呈现少数机构垄断的特点，面对由少数机构形成的利益集团，金融监管很难做到独立性。而缺乏独立性的金融监管则不利于金融市场的良性发展。谢平和陆磊（2003）用"中间过程利益集团"来解释金融监管中的腐败问题。中间过程利益集团可以说是带有中国特色的改革附属品，它们是在改革过程中形成的，偏爱中间状态，界定不清的权力边界是它们的最大特色，这个利益集团在金融部门体现为具有监管权力、货币分配权力或者信贷配置权力的主体。中间过程利益集团不喜欢传统计划体制，也不欢迎真正透明的市场体制，它们必须通过外力推动，才能下放权力，接受真正意义上的市场化改革。

第二，银行制度改革方面。中国从改革开放开始，金融市场的主体就是银行。在改革开放初期，银行是以第二财政部的角色出现的，1979 年，中国只有中国人民银行，1979 ~ 1984 年分设了中央银行和四大国有银行。1984 年开始设立股份制银行和非银行金融机构，到 1994 年先后设立三大政策性银行，再到 21 世纪初的银行股份制改革，中国的银行制度改革是中国金融改革的最重要的组成部分。罗金生（2002）提出了"政治银行家"理论。政治银行家是在特定的历史和既定的约束条件下，在经济金融市场上谋取政治和经济效用最大化的前提下，提供制度产品的银行家。政治银行家是政治人和经济人的结合。对政治银行家而言，如果进行制度创新的预期收益，超过必需资源的边际成本，那么就会进行制度创新。政治银行家的收益既包括了货币收益，也包括了诸如官位权力、政治支持等非货币收益。利用政治银行家的理论分析，为解释中国金融制度变迁过程提供了一个较为新颖的视角。陆磊、李世宏（2004）运用四部门博弈模型分析发现银行在融资形式中的主导地位和国有银行在银行业中的主导地位是公众自发选择的结果。张跃文（2005）在政治银行家的基础上，加入政治企业家，通过两个利益集团的合谋来解释中国金融制度变迁的滞后性。江春、许立成（2007）运用 125 个国家和地区的数据首次系统地检验了金融发展的政治经济学理论。设置了金融发展水平、利益集团的力量、经济发展水平、政治制度、法律制度、文化传统和地理禀赋等 7 个变量来验证金融发展的影响因素，其中一国的利益集团力量使用银行集中度表示。结果发现，一国利益集团的力量越大，金融发展就越差。

第三，证券市场改革方面。利益集团主要在股权分置改革、新股发行改革和再融资过程中发挥作用。尤其是股权分置改革，作为中国最重要的证券市场改革，相关的研究特别多。比如，易宪容（2002）认为股权分置改革是各方利益集团的博弈，是不同群体之间的利益大调整，改变了市场利益相关者的行为和预期。刘丹等（2007）在实证分析早期股权分置改革案例基础上指出，股改支付对价已经与公司基本面没有关系，当股改进入中后期后，公司内部股东间的博弈效率服从于资本市场改革的整体效率，股改支付对价与流通股股东持股比例呈负相关，说明流通股股东处于弱势地位。段银弟（2003）认为政府是金融制度变迁的主导者，政府引发金融制度变迁的目的在于增加所代表的政治集团的效用，由于中国政府性质的稳定性和连续性，实施金融制度变迁的主体是政治银行家，政治银行家为了稳固地位，在主导金融制度变迁过程中，加进了自身的效用函数，所以，中国的金融制度变迁的路径是国家效用函数和政治银行家个人效用函数的统一。

综合以上文献可以发现，从利益集团角度分析中国的金融改革的文献已经汗牛充栋，但是从金融的本质，即货币产权的跨时跨地交易角度出发，利用利益集团理论进行分析的目前还很少，本文尝试将两者融合起来，利用利益集团理论，从金融的产权跨时交易本质出发，研究中国的金融改革逻辑。

二　模型分析

首先对利益集团、政治银行家、金融的本质等几个相关概念进行描述。利益集团是一个跨学科的概念，最早是政治学研究中的一个概念，后来由奥尔森引入经济学的研究当中。国外对利益集团的产生的研究，具有代表性的主要有杜鲁门的紊乱理论、奥尔森的利益集团理论和罗伯特·索利兹伯里的交换理论。本特利（1908）系统地提出了集团的政治理论，指出社会的政治常态是集团间的压力均衡。杜鲁门在本特利的基础上认为利益集团是一种调整集团内部成员间关系和调整与其他集团间关系的工具。当人们的利益受到挑战时，"潜在的集团"也会组织起来。奥尔森（1965）从经济学的视角出发，基于个人主义的方法论以及效用最大化的目标函数，运用成本－收益分析方法，研究了利益集团提供集团产品的过程，指出一个集团做什么取决于集团中的个人做什么，而个人做什么又取决于其自身的相对收益和成本对比，因此大集团和小集团的形成原因和行动模式是不同的，集团越大，提供的集体物品的数量就会低于最优数量，代表少数人利益的"特殊利益集团"可以剥夺绝大多数人的利益。罗伯特·索利兹伯里（1969）根据交换理论（在集团成员和领导者之间，可能存在各种相互刺激的因素），认为利益集团的起源、发展、消灭以及联合的院外活动集团的活动等，可以用交换关系加以说明。将集团成员分为两类，一类是第一行动者的集团组织（政治企业家），投入成本，成立集团并吸引他人加入；另一类是普通成员。两者形成一种利益交换关系。在奥尔森（1965）之后，经济学界又有基于管制情形下的利益集团理论，可以分为两派：芝加哥学派和弗吉尼亚学派。芝加哥学派的代表人物是斯蒂格勒、佩兹曼和贝克尔，主要是在奥尔森理论的基础上，利用模型分析利益集团的活动。而弗吉尼亚学派的代表人物是克鲁格、塔洛克和布坎南等。根据本文的研究目的，将利益集团定义为一个社会中的具有共同利益的人们组织起来，以集体行动的方式来影响乃至确定政府决策。

政治银行家是根据利益集团中的政治企业家的概念提出的，奥尔森认为政治企业家是受到普遍的信任（敬畏），或者能够猜出谁再讨价还价中弄虚作假，或者他能够用最简单的方法节省讨价还价的时间，在某些情况下还能做出一种制度安排，而这种制度安排对所有有关者来说比没有任何政治企业家领导和组织时可能出现的结构要好。罗金生（2002）认为政治银行家范畴是在特定的历史和既定的约束条件下，在经济金融市场上谋取政治和经济效用最大化的前提下，提供制度产品的银行家，或者说是利用经济组织实现政治收益和经济收益的经济人。政治银行家是政治人和经济人的结合体。政治银行家的收益分为货币收益和非货币收益（包括政治地位、社会声誉等）。

根据前文的分析，金融的本质不仅仅是资金的融通，而且是一种信用产权的跨期交易活动。金融市场的本质就是产权交易活动的场所。金融工具是一种具有法律效力的合约，从制度经济学的角度来看，金融工具实际上就是拥有独立财产权的盈余单位和赤字单位在金融活动中所一致达成并共同签订的一种界定、区分、保护或约束双方所应享有的财产权利和所应承担的财产义务或责任的合约。金融工具的产权合约性质决定了金融市场本质上就是产权的交易场所，而金融机构则是为了降低产权交易成本而设定的企业。从金融本质的角度出发，中国的金融改革是一种为了降低产权交易成本的制度变迁行为，而此时交易的标的换成了信用产权。

本文以 Fernandez-Rodrik 模型（1991）为基础，对上述金融改革问题进行分析。首先假设社会中存在两个集团——投资集团和政治银行家，比例分别为 λ 和 $1 - \lambda$，其中，$\frac{1}{2} < \lambda < 1$。政治银行家的收益为 U_a，$U_a = U(UW, UP)$，其中 UW 为货币收益，UP 为政治地位、社会声誉等非货币收益（段银弟，2003），$U_a > 0$。投资集团中存在两类人，π 比例的人将得到收益 U_b，$U_b \geq 0$，$1 - \pi$ 比例的人将得到收益为 U_c，$U_c \leq 0$。在改革进行之前，普通民众并不知道自己是 π 类型的人，还是 $1 - \pi$ 类型的人。社会总的收益为 $U = (1 - \lambda) U_a + \lambda [\pi U_b + (1 - \pi) U_c]$，对中国而言，这是改革的主导者——政府的效用函数。

对中国金融改革而言，改革的主导者是政府，改革的实施者却是政治银行家，根据段银弟（2003）的分析，政府的效用函数与政治银行家的效用函数的不完全一致是解释中国金融改革轨迹的重要原因。而两者的不一致在模型中可以体现为 U 和 U_a 的区别。假设当社会中的绝大多数人认可改革时，改革可以顺利推行，否则会停滞。我们运用动态的两期模型对上述问题进行分析。首先考虑确定情形，当改革进行时，由于每个人都知道自己的类型，因此要使改革顺利推行，必须使获得正收益的人的比例大于 $\frac{1}{2}$，也就是说，$(1 - \lambda) + \lambda \pi > \frac{1}{2}$。与此同时，$\lambda > \frac{1}{2}$，因此还必须有

$\pi U_b + (1 - \pi) U_c > 0$。综合两式可以发现，$\dfrac{1}{2} < \lambda < \dfrac{1}{2(1 - \pi)}$，到了第二期，改革依然能够得到顺利推行。当 $(1 - \lambda) + \lambda\pi < \dfrac{1}{2}$ 或者 $\pi U_b + (1 - \pi) U_c < 0$，在第一期的改革并不能得到顺利推行。到了第二期依然不能得到顺利推行。如果投资集团的成员在第一期并不知道自己是 π 类型的人，还是 $1 - \pi$ 类型的人，因此第一期的改革能够顺利推行的一个很重要的条件就是 $\pi U_b + (1 - \pi) U_c > 0$。然而到了第二期，投资集团的成员知道自己的类型之后，要使改革能够顺利得到推行，就必须有 $(1 - \lambda) + \lambda\pi > \dfrac{1}{2}$，也就是 $\dfrac{1}{2} < \lambda < \dfrac{1}{2(1 - \pi)}$。

综合以上分析可以发现，要使改革顺利推行，在不知道自己类型的情况下，只需要将投资集团的综合收益大于零即可，但是当投资集团知道自己类型时，就需要 $\dfrac{1}{2} < \lambda < \dfrac{1}{2(1 - \pi)}$。另外 $\lambda < 1$，因此，我们需要比较 $\dfrac{1}{2(1 - \pi)}$ 与 1 的大小，当 $\pi < \dfrac{1}{2}$ 时，$\dfrac{1}{2(1 - \pi)} < 1$，当 $\pi > \dfrac{1}{2}$ 时，$\dfrac{1}{2(1 - \pi)} > 1$，也就是说，当 $\pi > \dfrac{1}{2}$ 时，$\dfrac{1}{2} < \lambda < \dfrac{1}{2(1 - \pi)}$ 是显然的，当 $\pi < \dfrac{1}{2}$ 时，$\dfrac{1}{2} < \lambda < \dfrac{1}{2(1 - \pi)}$。

下面分析模型的现实意义。对模型的分析可以得出两个重要的条件，一个是 $\dfrac{1}{2} < \lambda < \dfrac{1}{2(1 - \pi)}$，还有一个是 $\pi U_b + (1 - \pi) U_c > 0$。第一个条件的现实意义在于改革要符合绝大多数人的利益，只有这样，改革才能得到顺利推行。而第二个条件的意义在于，改革在符合绝大多数人的利益的同时，还需要对利益受损者进行补偿，使整体的收益大于零，只有这样才能使政府的效用函数和政治银行家的效用函数趋于一致。此外综合两个条件的分析可以发现，如果一项改革对投资集团的绝大多数人的利益是有正面影响的，改革能够得到顺利推行。从模型中还可以得出的结论是，当投资集团的成员不了解自己的类型或者说改革对自身的具体影响时，那么在改革初期，如果改革能够促进投资集团的整体利益，改革依然能够得到推行，但是，当投资集团的成员在第二期得知自己的类型时，就需要对受损的民众进行补偿。此时存在一个缓冲期，对中国而言，可以先尝试推行整体改革，然后再通过其他手段对受损者进行补偿，简单地说就是先整体富起来，再对改革的受损者进行补偿。

三　结论

本文首先从制度经济学的视角对金融的本质和利益集团等相关理论进行了综述，之后利用 Fernandez-Rodrik 模型分析了中国金融改革的基本逻辑，并且指出，只有符合绝大多数人的利益，改革才能得以顺利进行。另外，当投资集团的成员不了解自己的类型或者说改革对自身的影响时，在改革初期，如果改革能够促进投资集团的整体利益，改革依然能够顺利进行。但是随着时间的推移，当成员得知自己的类型时，需要对受损的民众进行补偿，才能保证改革的进行。

第六章　利率市场化改革分析

一　利率市场化改革对储蓄率的影响分析

(一) 前言

金融是经济活动中的重要一环，合理的金融活动为经济运行提供了必要的流动性，将资金从低效率的地方转移到高效率的地方，提高了资金的利用效率，促进了经济的增长。作为资金利用价格，利率在这一过程中扮演了重要角色。利率的决定方式其实就是资金价格的定价方式。利率市场化是指金融机构在货币市场经营融资的利率由市场供求来决定，利率市场化包括利率决定、利率传导、利率结构和利率管理的市场化。

在探讨利率市场化的具体含义之前，首先需要明晰利率是什么，以及利率是如何决定的。在几千年前，人们有了借贷行为，把货物贷给他人，他人在使用这种货物期间，需要对这种服务提供一定程度的补偿，这种补偿成为租金，也就是别人出借财产的价格。如果这种货物是货币，此时的租金就称为利率。利率决定理论的内容非常丰富，具体有古典利率决定理论、马克思的利率决定理论、凯恩斯的利率决定理论、可贷资金利率以及 IS‐LM 模型等。

　　古典利率决定理论认为利率主要是由资本供求决定的，资本的供给来源于储蓄，而资本的需求则是投资，投资取决于资本预期报酬率和利率的关系。如果预期回报率高于利率，资本就会从储蓄流向投资，如果利率高于预期回报率，资本就会从投资流向储蓄。当两者相同时，资本的供给和需求相同，经济达到均衡状态，此时的利率被称为"自然利率"。马克思认为："利息只是利润的一部分……所以，利润本身就成为利息的最高界限，达到这个最高界限，归执行职能的资本家部分就会等于零。"也就是说，利率由平均利润率决定。利润越高，利率也就越高。凯恩斯的《就业、利息和货币通论》一书对古典利率决定理论进行了抨击。在该书中，凯恩斯以流动性偏好为基础，提出货币是流动性最强的资产，能够满足人们的交易动机、谨慎动机和投机动机。根据货币供给曲线和需求曲线的位置不同，分析了利率决定路径，并且提出了影响深远的"流动性陷阱"，亦即无论怎样增加货币供应，货币都会被储存起来，不会对利率产生任何影响。与此同时，凯恩斯还把债券市场、货币政策、货币供求情况、经济周期等各种因素都考虑进去，丰富了利率决定理论。凯恩斯认为政府的货币政策以及公开市场操作等手段可以改变利率，进而影响经济运行。而英国的罗伯逊和瑞典的俄林对凯恩斯的利率理论持怀疑态度，提出了可贷资金理论。该理论认为可贷资金的供求情况决定了利率。资金的借贷既受到实物市场的影响，又受到货币市场的影响。政府可以通过公开市场操作，调整国家债务数量、形式、期限等方式，影响利率的决定。希克斯和汉森在凯恩斯利率决定理论的基础上提出了 IS – LM 模型，将商品市场和货币市场结合起来，建立了一个一般均衡模型。IS – LM 模型表明，利率是由投资、储蓄、货币需求、货币供给共同决定的，利率能够作为货币政策的中介目标，进而影响国民收入。

第二次世界大战以后，欧美等国家和地区遵循凯恩斯的经济主张，对经济进行干预，在战后初期，极大地促进了经济的复苏和发展。但是随着时间的流逝，政府干预经济尤其是干预金融的弊端开始出现，金融抑制、金融约束成为当时的主要现象。在这样的基础上，欧美各国以及发展中国家、转轨国家陆续开始进行以利率市场化和资本账户开放为代表的金融自由化改革。

整体来看，利率市场化主要有三种渠道：规定最高存款利率和最低存款利率，不断调整上下限；分别规定存款利率和贷款利率的浮动范围，并且不断扩大范围；规定金融中介机构平均资金成本与贷款利率之间的最大利差。

（二）利率市场化的文献综述

1. 有关利率市场化的理论研究

有关利率市场化较早的理论研究主要是 McKinnon（1973）和 Shaw（1973）。他们主要针对发展中国家的二元金融结构、货币化程度低、金融体制效率低、金融市场不发达、政府对金融过度管制等现象，提出了"金融深化理论"和"金融抑制理论"，并在此基础上探讨了以利率市场化和资本账户开放为代表的金融自由化改革。

Hellmann、Murdock 和 Stiglitz（1997）发表了《金融约束：一个新的分析框架》，提出了金融约束理论。金融约束是指一系列金融政策，制定的目的是在金融部门和生产部门设立租金。租金是指超过竞争性市场所能产生的收益，其本质是政府通过一系列的金融政策在民间部门创造租金机会。

国内学者徐爽、李宏瑾在《一个利率市场化的理论模型》中采用拉姆齐模型，建立了一个劳动收入者和资本收入者相分离的双代表性个体的模型，劳动者作为储蓄者获得利息，而资本所有者作为投资者获得利润。根据两者面临的不同优化问题，发现利率非市场化的经济存在多条鞍点稳定路径。利率市场化消除了劳资双方作为市场主体进入资本市场的条件差异，在提高整个社会资本存量的条件下将带动整体消费水平的提高。

2. 有关利率市场化的实证研究

金融抑制和金融约束的存在使金融自由化开始成为各国的主要改革目标。而相应的实证研究主要集中于利率与经济增长的关系方面。其中有代表性的是 Fry（1978）、Gelb（1989）、Roubini 和 Sala-i-Martin（1992）及世界银行（1993）做的检验。Fry（1978）对缅甸（1962~1969）、印度（1962~1972）、韩国（1965~1972）、马来西亚（1963~1972）、菲律宾（1962~1972）、新加坡（1965~1972）和中国台湾（1962~1972）等亚洲七个国家和地区的实际经济增长和实际利率做过检验，发现实际利率每向竞争的市场均衡利率方向提高 1 个百分点大约提高经济增长 0.5 个百分点。Alan Gelb（1989）认为利率是经济增长的一个内生变量，在此基础上，他对 34 个国家在 1965~1985 年的实际利率和实际经济增长的数据进行回归，结果发现实际利率每提高 1 个百分点可以与 GDP 年增长率 0.2~0.25 个百分点相联系。Roubini 和 Sala-i-Martin（1992）认为以负实际利率、高准备金率、高通货膨胀率为标准的金融压抑损害了经济增长。在巴罗检验的基础上，加入金融因素，金融压抑程度与增长率之间呈现负相关关系。1993 年，世界银行在一份有关东亚经济奇迹的分析报告中也对利率和经济增长之间的关系进行了检验，加入通货膨胀因素，结果发现，如果不包括通货膨胀，则利率与经济增长显著相关；加入通货膨胀因素后，实际利率在统计上无意义，而通货膨胀在统计上有意义；在实际利率为正的样本国家中，若包括通货膨胀因素，实际利率在统计上没有意义。

国内的王国松早在 2001 年的《中国的利率管制与利率市场

化》一文中首先用数据实证了实际利率与经济增长的关系，结果发现，中国的经济增长率与实际存款利率之间存在较为显著的正向相关关系，而与名义存款利率之间为负向相关，且相关性非常弱。每当实际利率提高 1 个百分点，中国的 GDP 提高 0.26 个百分点。与国外不同的是，中国的学者还对利率与居民储蓄之间的关系进行了实证分析。李焰（1999）认为自 1978 年以来利率对储蓄率的影响因素是不确定的；王国松（2001）和许东江（2002）认为中国居民储蓄存款增长率和名义存款利率之间存在显著的正相关关系。齐天翔（2000）认为预防性动机对居民储蓄有显著的影响。江世银（2000）的研究表明利率下降并没有显著刺激消费信贷的增长，主要是由居民对家庭未来收入的信息不完全造成的。万广华等（2001）也认为现存的大多数研究证明利率与消费无关，并认为影响居民消费的主要因素是流动性约束和不确定性。汪小亚等（2000）研究表明，1995～1999 年中央银行 7 次下调金融机构的存贷款利率，但对消费、投资的影响受阻或无效，该文的实证也表明利率对储蓄的影响并不大，而农村居民人均纯收入和城镇居民人均可支配收入是决定消费的基本因素。谢平、袁沁敩（2000）发现利率对储蓄、消费、投资和实际产出有显著的影响。

随着中国的改革逐步深入，国内开始有不少有关利率市场化的研究，主要集中于利率市场化的次序、利率市场化的原则、利率市场化的改革模式、利率市场化的改革路径、利率市场化的配套措施、利率市场化的国际经验和利率市场化金融中介机构的风险。易纲（2009）回顾了改革开放 30 多年来，中国的利率市场化改革进程。30 多年来，中国利率市场化改革主要取得两方面的成就：一是放松了利率管制，推动金融自主定价，实现了"贷款利率管上限、存款利率管下限"的阶段性改革目标；二是发展和完善了市场利率体系，初步建立了以 SHIBOR 为代表的短期基准利率和以国债收益率为代表的中长期基准利率。在该文中，他提出了产权清晰、自由竞争和退出机制是进一步推进利率市场化的条件。

王晋斌、于春海（2007）在综合考虑了居民储蓄利益、银行财务的稳健性和企业财务偿还的能力后，提出了一个利率市场化的可能路径：放开中长期信贷利率反过来形成短期利率，并与现有的货币市场利率相互融合和校正，形成一个既反映机构流动性又反映企业流动性需求的短期利率，并在此货币市场均衡利率基础上，进一步校正并形成中长期资本市场的均衡利率。黄金老（2011）指出，制约我国存贷款利率市场化进程的根本障碍是占绝对主导地位的间接融资模式，还有另外一个突出的掣肘是政府的金融压抑政策。

黄金老（2001）详细分析了利率市场化的风险。利率市场化在赋予商业银行自主定价权的同时，也产生了相应的利率风险。他将利率风险分为两类：一类是阶段性风险，另一类是持久性风险。阶段性风险是指在利率放开管制的初期，商业银行不能适应自主定价的利率环境而产生的风险。持久性风险是指具有长期性和非系统性特点、利率自身产生的风险。

通过对上面的文献进行分析发现，对利率市场化的模型分析涉及较少，而徐爽、李宏瑾（2006）的模型并没有涉及人口结构问题，本文尝试在戴蒙德模型的基础上，考虑人口老龄化的背景，分析利率市场化的影响。

3. 利率市场化的模型分析

徐爽、李宏瑾（2006）在经典拉姆齐模型的基础上，建立了劳动收入者和资本收入者相分离的双代表个体的模型。在经典的单代表性个体的拉姆齐模型中，外生的偏低利率具有无关性，即利率不对经济的长期均衡产生影响，利率是中性的，利率的资源配置作用在生产条件给定的情况下被中和了。在实行利率市场化改革后，均衡的总消费水平会提高，而且不同要素所有者之间的消费水平差距会缩小，在一个利率非市场化的国家，存在多条从非均衡向均衡收敛的路径，这就增加了经济中的不确定性。但是，拉姆齐模型的假定是社会有数量不变的长生不老家庭，在目前中国老龄化问题较为紧迫的情形下，需要考虑人口结构问题。因此，在徐爽、李宏瑾（2006）"劳资分离的双代表个体模型"的基础上，本文尝试利用戴蒙德模型，考虑人口结构的变化，并将代表性个体分为劳动收入者和资本收入者。在戴蒙德模型中，第 0 期时，老年人拥有资本，年轻人提供劳动。资本和劳动报酬均为其边际产品。老年人同时消费其资本收入和现有财富，然后他们死亡并退出该模型，年轻人将其劳动收入分为消费和储蓄，并将其储蓄带到下一期。首先我们分析经典的戴蒙德模型。

（1）经典的戴蒙德模型

戴蒙德模型假定人口不断新老交替，时间为离散的，即 $t = 0$，1，2，…，假定每个人仅存在两期，L_t 个人在 t 期出生，人口增长率为 n，$L_t = (1 + n) L_{t-1}$。在 t 期时，有 L_t 个人处于其生命的第 1 期，有 $L_{t-1} = L_t / (1 + n)$ 处于其生命的第 2 期。每个人在年轻时供给 1 单位劳动，并将劳动收入用于第 1 期的储蓄和消费；在第 2 期，个人仅消费上期储蓄和从储蓄中得到的利息。令 C_{1t} 和 C_{2t} 分别表示 t 期的年轻人和老年人的消费，因此，一个 t 期出生的人，其效用 U_t 取决于 C_{1t} 和 C_{2t}。假定效用函数为相对风险回避系数不变的效用函数，即

$$U_t = \frac{C_{1t}^{1-\theta}}{1-\theta} + \frac{1}{1+\rho} \frac{C_{2t+1}^{1-\theta}}{1-\theta} \qquad \theta > 0, \rho > -1 \tag{1}$$

根据经典教科书的推导（罗默《高级宏观经济学》）可以得到相应的储蓄率和利率表达公式：

$$s_r^E = \frac{(1+r)^{(1-\theta)/\theta}}{(1+\rho)^{1/\theta} + (1+r)^{(1-\theta)/\theta}} \tag{2}$$

$$r^* = \frac{\alpha}{1 - \alpha}(1 + n)(1 + g)(2 + \rho) \tag{3}$$

将式（2）对 r 求导之后，如果 $\theta < 1$，则 s 随 r 递增；如果 $\theta > 1$，则 s 随 r 递减；如果 $\theta = 1$，则 s 与 r 无关。由此可以发现，储蓄率与利率之间的关系取决于相对风险规避系数 θ，而储蓄率与经济增长之间存在一定的联系，这样利率与经济增长之间就建立了关系。整理即有命题 1 和命题 2。

命题 1：在利率市场化决定的经济中，储蓄率和利率之间的关系取决于相对风险规避系数 θ，如果 $\theta < 1$，则 s 随 r 递增；如果 $\theta > 1$，则 s 随 r 递减；如果 $\theta = 1$，则 s 与 r 无关。

命题 2：在利率市场化决定的经济中，利率的决定与人口增长率、技术进步率和贴现率以及资本在生产函数中的贡献率有关。

（2）利率管制下的戴蒙德模型

按照徐爽、李宏瑾（2006）的假设，利率管制与利率市场化条件下的经济唯一的不同在于利率是外生给定的，而且 $r^U < r^E = f'(k)$。r^U 是利率管制下的利率水平，r^E 是市场化的利率水平，根据前面的分析可以发现一阶条件 $\frac{C_{2t+1}}{C_{1t}} = \left(\frac{1 + r_{t+1}}{1 + \rho}\right)^{1/\theta}$，此时变为：

$$\frac{C_{2t+1}}{C_{1t}} = \left(\frac{1 + r^U}{1 + \rho}\right)^{1/\theta} = \tau \tag{4}$$

是一个常数。代入预算约束条件之后可以得到：

$$C_{1t} = \frac{1 + r^U}{1 + r^U + \tau}A_t w_t \tag{5}$$

此时，储蓄率的表达式为：

$$s_r^U = \frac{\tau}{1 + r^U + \tau} \tag{6}$$

可以发现，s_r^U 是一个常数。

对式（2）进行分析发现，s 与 r 之间的关系取决于 θ 与 1 之间的关系。比较 $s\left(r^U\right)$ 和 $s\left(r\right)$，利率是外生给定的，$r^U < r^E = f'\left(k\right)$。因此，当 $\theta < 1$ 时，$s\left(r^U\right) < s\left(r^E\right)$；当 $\theta > 1$ 时，$s\left(r^U\right) > s\left(r^E\right)$；当 $\theta = 1$ 时，$s\left(r^U\right) = s\left(r^E\right) = \dfrac{1}{1+\rho}$，$s\left(r^U\right)$ 是利率管制下的储蓄率，$s\left(r^E\right)$ 是市场化条件下的利率。此时需要明确一下 θ 的含义。θ 是效用函数的相对风险规避系数，决定了家庭在不同时期转换消费的愿望，θ 越小，随着消费的上升，边际效用下降越慢，因此，家庭也就愿意接受消费随时间的较大波动，反之，家庭的消费较为固定。由此可以发现：

命题 3：在一个大多数家庭愿意接受较大幅度的消费波动的社会中，利率管制下的储蓄率小于市场化条件下的储蓄率。但是在一个绝大多数家庭都不愿意消费太过于波动、倾向于稳定消费的社会中，利率管制下的储蓄率要大于市场化条件下的储蓄率。

（3）利率市场化、老龄化背景下的戴蒙德模型

按照徐达（2012）的假设，从整体经济的运行来看，养老的实质就是将一定的社会财富用于老人养老。袁志刚、宋铮（2000）考察了老龄化背景下完全基金式的养老保险制度和现收现付式的养老保险制度对储蓄和消费的影响。在老龄化背景下，养老保险制度是影响收入路径的重要因素，在完全基金式的养老保险制度中，养老金收入主要取决于基金数量和利率水平。在现收现付式的养老保险制度中，养老金收入是由中青年人的数量、他们的劳动收入和代际转移比例等因素决定的。人口与劳动力被区分为两个不同的变量。设劳动力人口为 L_t^W，老龄人口数量为 L_t^R，$L_t^W + L_t^R = L_t$，L_t 是人口总量。

$$L_t^W = (1 - \phi)L_t$$

其中，ϕ 是老龄化率。

老龄人口的人均收入水平是 $\dfrac{Y_t^R}{L_t^R}$，社会总体的人均收入水平是

$\dfrac{Y_t}{L_t}$，定义 $\tau = \dfrac{Y_t^R}{L_t^R} \Big/ \dfrac{Y_t}{L_t}$，$\tau$ 是老龄人口的养老人均收入水平与经济中总体人均收入水平的比例。$\tau > 1$ 时，养老人均收入水平高于总体人均收入水平，$\tau = 1$ 时，养老人均收入水平等于总体人均收入水平，$\tau < 1$ 时，养老人均收入水平低于总体人均收入水平。

τ 体现了养老的水平，一般情况下，养老人均收入水平是低于总体人均收入水平的，也就是说，$\tau < 1$。

$$\tau = \frac{Y_t^R}{L_t^R} \Big/ \frac{Y_t}{L_t} = \frac{Y_t^R}{Y_t}\frac{L_t}{L_t^R} = \frac{1}{\phi}\frac{Y_t^R}{Y_t}$$

$$Y_t^R = \tau\phi Y_t$$

则 $Y_t = Y_t^W + \tau\phi Y_t$。

整理有 $Y_t^W = (1 - \tau\phi)Y_t$。

可以发现，$\tau\phi$ 是老年人占有产出的比例。

τ 的不同情况	$\tau = 0$	τ 为特定值	$\tau = 1/\phi$
分配情况	劳动力占有全部产出	劳动力与老龄人口分配产出	老龄人口占有全部产出
对经济的影响	正向	0	负向

在基准模型中，$\tau = 0$，劳动力占有全部产出，而在另外一种情况下 $\tau = 1/\phi$，老龄人口占有全部产出，此时年轻的劳动力没有产出，也就不存在储蓄和消费的分配，对经济的影响是负面的。一般情况是 τ 为特定值，此时劳动力占有产出 Y_t^W，比例为 $1 - \tau\phi$，ϕ 是老龄化率。

在将人口分为劳动力与老龄人口之后，戴蒙德模型可以做出改变，t 期出生的每个人的收入除了年轻时候的工资 $A_t w_t$ 之后，还

将在老年的时候获得一定数量的养老金收入。但是这部分收入的来源在不同的养老金制度下是不同的。按照袁志刚、宋铮（2001）的分析，在完全基金式的养老保险制度中，政府向 t 期的年轻人征收数量为 d_t 的税金，用于投资，以后向第 $t+1$ 期的老龄人口支付数量为 $(1+r_{t+1})\,d_t$ 的养老金，而在现收现付式的养老保险制度中，政府向第 t 期的年轻人征收数量为 d_t 的税金，用于支付第 t 期老年人的养老金。

在完全基金式的养老保险制度下，考虑 t 期出生的人优化问题（具体分析见本节后附录）可以得到：

$$C_{1t} = \frac{(1+\rho)^{1/\theta}}{(1+\rho)^{1/\theta} + (1+r_{t+1})^{(1-\theta)/\theta}}\Big[\,A_t w_t - d_t + \frac{1}{1+r_{t+1}}(1+r_{t+1})d_t\,\Big] \quad (7)$$

与经典的戴蒙德模型相比，可以发现，在完全基金式的养老保险制度下，由于征收的税金具有储蓄效应，所以完全基金式的养老保险对最优消费和最优储蓄没有影响。

在现收现付式的养老保险制度下，上述优化问题的约束条件就发生了变化，如下。

$$\mathrm{Max}:U_t = \frac{C_{1t}^{1-\theta}}{1-\theta} + \frac{1}{1+\rho}\frac{C_{2t+1}^{1-\theta}}{1-\theta}$$

$$\text{s. t. } C_{1t} + S_t + d_t = A_t w_t$$

$$C_{2t+1} = (1+r_{t+1})S_t + \frac{L_{t+1}^{W}}{L_{t+1}^{R}}d_t$$

整理有

$$\mathrm{Max}:U_t = \frac{C_{1t}^{1-\theta}}{1-\theta} + \frac{1}{1+\rho}\frac{C_{2t+1}^{1-\theta}}{1-\theta}$$

$$\text{s. t. } C_{1t} + \frac{1}{1+r_{t+1}}C_{2t+1} = A_t w_t + \Big(\frac{1}{1+r_{t+1}}\frac{L_{t+1}^{W}}{L_{t+1}^{R}} - 1\Big)d_t$$

可以发现，在现收现付式的养老保险制度下，消费者个人一生的预期收入已经发生了变化，根据假设 $L_{t+1}^R = L_t^W$，收入的变化 $\Delta = \left(\dfrac{1}{1 + r_{t+1}} \dfrac{L_{t+1}^W}{L_{t+1}^R} - 1 \right) d_t$ 与未来劳动力数量的变化有关。不妨设劳动力的增长率为 n_t^W，即 $L_{t+1}^W = (1 + n_t^W) L_t^W = (1 + n_t^W) L_{t+1}^R$，整理有

$$\Delta = \left(\frac{1}{1 + r_{t+1}} \frac{L_{t+1}^W}{L_{t+1}^R} - 1 \right) d_t = \left(\frac{1 + n_t^W}{1 + r_{t+1}} - 1 \right) d_t = \frac{n_t^W - r_{t+1}}{1 + r_{t+1}} d_t$$

结合前面老龄化率有：

$$\Delta = \frac{1 - \phi(2 + r)}{(1 + r)\phi} d_t$$

定义 $\chi = \dfrac{1 - \phi(2 + r)}{(1 + r)\phi}$，如果老龄化率 $\phi < \dfrac{1}{2 + r}$，则消费者一生的预期收入增加；如果老龄化率 $\phi = \dfrac{1}{2 + r}$，则消费者一生的预期收入不变；如果老龄化率 $\phi > \dfrac{1}{2 + r}$，则消费者一生的预期收入减少。

建立拉格朗日函数有：

$$\ell = \frac{C_{1t}^{1-\theta}}{1 - \theta} + \frac{1}{1 + \rho} \frac{C_{2t+1}^{1-\theta}}{1 - \theta} + \lambda \left[A_t w_t + \left(\frac{1}{1 + r_{t+1}} \frac{L_{t+1}^W}{L_{t+1}^R} - 1 \right) d_t - \left(C_{1t} + \frac{1}{1 + r_{t+1}} C_{2t+1} \right) \right]$$

处理之后有：

$$\text{FOC} \quad \frac{C_{2t+1}}{C_{1t}} = \left(\frac{1 + r_{t+1}}{1 + \rho} \right)^{1/\theta}$$

结合约束条件有：

$$C_{1t} = \frac{(1 + \rho)^{1/\theta}}{(1 + \rho)^{1/\theta} + (1 + r_{t+1})^{(1-\theta)/\theta}} \left[A_t w_t + \left(\frac{1}{1 + r_{t+1}} \frac{L_{t+1}^W}{L_{t+1}^R} - 1 \right) d_t \right] \quad (8)$$

此时的储蓄率：

$$s_r^R = \frac{S_t}{A_t w_t} = \frac{A_t w_t - \frac{(1+\rho)^{1/\theta}}{(1+\rho)^{1/\theta} + (1+r_{t+1})^{(1-\theta)/\theta}}\left[A_t w_t + \left(\frac{1}{1+r_{t+1}}\frac{L_{t+1}^W}{L_{t+1}^R} - 1\right)d_t\right] - d_t}{A_t w_t}$$

结合前面的老龄化率和老龄人口占收入比例，$d_t = \frac{Y_t^R}{L_t^R}$，$A_t w_t = \frac{Y_t^W}{L_t^W}$，则 $\frac{d_t}{A_t w_t} = \frac{\tau(1-\phi)}{1-\tau\phi}$，整理可得：

$$s_r^R = s_r^E - \frac{\tau}{1+r}\frac{1-\phi}{(1-\tau\phi)\phi}\left\{(1-s_r^E) - [1-(2+r^E)s]\phi\right\}$$

$\frac{\tau}{1+r} > 0, \frac{1-\phi}{(1-\tau\phi)\phi} > 0$ 显然成立，又 $(1-s_r^E) - [1-(2+r_r^E)s]\phi > 0$ 时，$\phi < \frac{1-s_r^E}{1-(2+r)s_r^E}$ 显然成立。所以 $s_r^R < s_r^E$。即在现收现付式的养老保险制度下，储蓄率是会小于最优储蓄率的，具有挤出效应。

对 s_r^R 进行简化，总结可以得到：

$$s_r^R = s_r^E - [(1-s_r^E)\chi - 1](1-\varepsilon) \tag{9}$$

其中 $\chi = \frac{1-\phi(2+r)}{(1+r)\phi}$ 是养老金对收入影响的系数，$\varepsilon = \frac{1-\tau}{1-\tau\phi}$ 是劳动力的人均收入与社会总体人均收入的比例的倒数。

$$\frac{d\chi}{d\phi} = \frac{1}{1+r}\frac{1}{\phi^2} > 0, \quad \frac{d\varepsilon}{d\phi} = \frac{(1-\tau)\tau}{(1-\tau\phi)^2} > 0$$

将 s_r^R 对 ϕ 进行求导，有：

$$\frac{ds_r^R}{d\phi} = [(1-s_r^E)\chi - 1]\frac{d\varepsilon}{d\phi} - (1-\varepsilon)(1-s_r^E)\frac{d\chi}{d\phi}$$

又因为 $s_r^R < s_r^E$，所以 $[(1-s_r^E)\chi - 1](1-\varepsilon) > 0$。

$1-\varepsilon > 0$，故 $(1-s_r^E)\chi - 1 > 0$

命题 4：在老龄化背景下，不同的养老保险制度对储蓄率的影

响是不同的。在完全基金式养老保险制度下，最优消费与最优储蓄没有发生变化，而在现收现付式的养老保险制度下，储蓄率会小于最优储蓄率，具有挤出效应。老龄化比例对代表性消费者的预期收入存在影响，如果老龄化率 $\phi < \dfrac{1}{2+r}$，则消费者一生的预期收入增加；如果老龄化率 $\phi = \dfrac{1}{2+r}$，则消费者一生的预期收入不变；如果老龄化率 $\phi > \dfrac{1}{2+r}$，则消费者一生的预期收入减少。

（4）利率管制、老龄化背景下的戴蒙德模型

按照徐爽、李宏瑾（2006）的假设，利率管制与利率市场化条件下的经济唯一的不同在于利率是外生给定的，而且 $r^U < r^E = f'(k)$。结合前文的分析，首先考虑完全基金式的养老金制度，此时 1 期的消费是 $C_{1t} = \dfrac{(1+\rho)^{1/\theta}}{(1+\rho)^{1/\theta} + (1+r_{t+1})^{(1-\theta)/\theta}} \Big[A_t w_t - d_t + \dfrac{1}{1+r_{t+1}}(1+r_{t+1})d_t \Big]$，在没有养老金制度的利率管制情形下，$C_{1t} = \dfrac{1+r^U}{1+r^U+\tau} A_t w_t$，综合分析在完全基金式的养老金制度下，如果存在利率管制的话，储蓄的选择与社会整体的风险厌恶程度有关，在一个大多数家庭愿意接受较大幅度的消费波动的社会中，利率管制下的储蓄率小于市场化条件下的储蓄率。但是在一个绝大多数家庭不愿意消费太过于波动、倾向于稳定消费的社会中，利率管制下的储蓄率要大于市场化条件下的储蓄率。

考虑现收现付式养老金制度下，如果存在利率管制会怎么样？在现收现付式养老金制度下，$C_{1t} = \dfrac{(1+\rho)^{1/\theta}}{(1+\rho)^{1/\theta} + (1+r_{t+1})^{(1-\theta)/\theta}} \times \Big[A_t w_t + \Big(\dfrac{1}{1+r_{t+1}} \dfrac{L^W_{t+1}}{L^R_{t+1}} - 1 \Big) d_t \Big]$，$s^R_r = s^E_r - [(1-s^E_r)\chi - 1](1-\varepsilon)$，

其中 $\chi = \dfrac{1 - \phi(2 + r)}{(1 + r)\phi}$ 是养老金对收入影响的系数，$\varepsilon = \dfrac{1 - \tau}{1 - \tau\phi}$ 是劳动力的人均收入与社会总体人均收入的比例的倒数。$\dfrac{\mathrm{d}\chi}{\mathrm{d}r} = -\dfrac{1 - \phi}{(1 + r)^2} < 0$，$\dfrac{\mathrm{d}s_r^R}{\mathrm{d}r} = [1 + (1 - \varepsilon)\chi]\dfrac{\mathrm{d}s_r^E}{\mathrm{d}r} - (1 - \varepsilon)(1 - s_r^E)\dfrac{\mathrm{d}\chi}{\mathrm{d}r}$，根据前面的分析，$s_r^E = \dfrac{(1 + r)^{(1-\theta)/\theta}}{(1 + \rho)^{1/\theta} + (1 + r)^{(1-\theta)/\theta}}$，将其对 r 求导有

$$\dfrac{\mathrm{d}s_r^E}{\mathrm{d}r} = \dfrac{1 - \theta}{\theta}(1 + \rho)^{1/\theta}\left[(1 + \rho)^{1/\theta} + (1 + r)^{(1-\theta)/\theta}\right]^{-2}(1 + r)^{(1-2\theta)/\theta},$$

可以发现，如果 $\theta < 1$，则 s 随 r 递增；如果 $\theta > 1$，则 s 随 r 递减；如果 $\theta = 1$，则 s 与 r 无关。

整理分析可以发现，如果 $\theta < 1, \dfrac{\mathrm{d}s_r^E}{\mathrm{d}r} > 0, \dfrac{\mathrm{d}s_r^R}{\mathrm{d}r} > 0$，如果 $\theta = 1$，$\dfrac{\mathrm{d}s_r^E}{\mathrm{d}r} = 0$，$\dfrac{\mathrm{d}s_r^R}{\mathrm{d}r} > 0$，即当 $\theta \leqslant 1$ 时，$\dfrac{\mathrm{d}s_r^R}{\mathrm{d}r} > 0$，当 $\theta > 1$ 时，$\dfrac{\mathrm{d}s_r^E}{\mathrm{d}r} < 0$，当到一定程度时，$\dfrac{\mathrm{d}s_r^R}{\mathrm{d}r} < 0$，综合分析可以得到：在利率管制的情形下，不同的养老金制度依然有不同的影响。θ 越小，消费越趋向于稳定，而在现收现付式的养老金制度下，当 $\theta \leqslant 1$ 时，$\dfrac{\mathrm{d}s_r^R}{\mathrm{d}r} > 0$，在利率管制时，$r^U < r^E = f'(k), s_r^R < s_r^E$，因此又与没有老龄化相比，$\theta > 1$ 时，依然存在一定的范围是 $\dfrac{\mathrm{d}s_r^R}{\mathrm{d}r} > 0, s_r^R < s_r^E$，此时只有当 θ 大到一定程度，才会有 $\dfrac{\mathrm{d}s_r^R}{\mathrm{d}r} < 0, s_r^R > s_r^E$ 整理可以得到：

命题 5：在利率管制的情形下，不同的养老金制度有不同的影响。在完全基金式的养老金制度下，储蓄的选择与社会整体的相对风险规避程度有关，而在现收现付式的养老金制度下，储蓄率在大多数情形下，依然是小于最优储蓄率的，具有挤出效应，但

是在 θ 大到一定程度时，也就是社会整体比较偏好具有较小波动的消费，储蓄率会大于最优储蓄率。

综合以上四方面的分析可以发现，利率管制与老龄化对社会的储蓄率都有显著的影响，而其中一个重要影响因素是社会整体的相对风险规避程度。在社会整体是风险偏好的情形下，利率管制会使储蓄率小于最优储蓄率，而在社会整体是风险厌恶时，储蓄率会大于最优储蓄率，不同的养老金制度对储蓄率也有不同的影响，完全基金式的养老金制度对储蓄率没有影响，而现收现付式的养老金制度会使储蓄率小于最优储蓄率，具有挤出效应。将两者结合起来考虑会发现，完全基金式的养老金制度不论是在利率市场化还是利率管制情形下，不会产生额外影响，而现收现付式的养老金制度，在利率管制的情形下，当社会相对风险规避系数大到一定程度时，会扭转挤出效应，储蓄率会大于最优储蓄率。

4. 利率市场化的实证分析

从上面的理论分析可以发现，利率市场化改革在不同的经济情况下，对储蓄率会有不同的影响，下面将简述我国的利率市场化改革历程，并且对改革的效应进行实证分析。

1993 年，党的十四届三中全会《中共中央关于建立社会主义市场经济体制若干问题的决定》提出了利率市场化改革的基本设想；2002 年，党的十六大报告指出，"稳步推进利率市场化改革，优化金融资源配置"；2003 年，党的十六届三中全会《关于完善社会主义市场经济体制若干问题的决定》对我国的利率市场化改革进行了纲领性的论述，"稳步推进利率市场化，建立健全由市场供求决定的利率形成机制，中央银行通过货币政策引导市场利率"。2013 年十八届三中全会的《中共中央关于全面深化改革若干重大问题的决定》进一步强调了市场的作用，"经济体制改革是全面深化改革的重点，核心问题是处理好政府和市场的关系，使市场在资源配置中起决定性作用和更好发挥政府作用"，"完善人民币汇率市场化形成机制，加快推进利率市场化，健全反映市场供求关系的国债收益率曲线"。在操作层面上，2003年2月，中国人民银行在《2002年中国货币政策执行报告》中公布了利率市场化改革的总体思路，"先外币、后本币；先贷款、后存款；先长期、大额，后短期、小额"，范围可以分为以下三类：货币市场的利率市场化、资本市场的利率市场化和金融机构存贷款利率市场化。在货币市场利率市场化方面，从1996年开始，我国基本实现了银行间同业拆借利率的市场化决定机制；在债券市场方面，1997年6月，放开了银行间债券市场债券回购和现券交易利率。1998年5月，中国人民银行开始利用公开市场操作，1999年9月，成功实现了国债在银行间债券市场利率招标发行，由原来的中国人民银行审批债券利率，逐步放开金融债券、国债的利率管制，实现了市场化的利率。在存贷款方面，1999年10月，对保险公司大额定期存单存款实行协议利率，扩大了金融机构贷款利率浮动范围。2000年9月，外币贷款利率放开，各项外币贷款利率以及计结息方式由金融机构根据国际市场的利率变动情况以及资金成本、风险差异等因素自行决定。而300万美元（含）以上的大额外币存款利率、300万美元以下的小额外币存款利率仍由中国人民银行统一管理。2002年3月，中国人民银行统一了中外资金融机构外币利率管理政策，实现中外资金融机构在外币利率政策上的公平待遇。2003年7月，放开了英镑、瑞士法郎和加拿大元的外币小额存款利率管理，由商业银行自主确定。2003年11月，对美元、日元、港币、欧元小额存款利率实行上限管理。2004年1月1日，中国人民银行再次扩大金融机构贷款利率浮动区间。商业银行、城市信用社贷款利率浮动区间扩大到［0.9，1.7］，农村信用社贷款利率浮动区间扩大到［0.9，2］，贷款利率浮动区间不再根据企业所有制性质、规模大小分别制定。扩大商业银行自主定价权,提高贷款利率市场化程度,企业贷款利率最高上浮幅度扩大到 70%,下浮幅度保持 10% 不变。2004 年 10 月,贷款上浮取消封顶;下浮的幅度为基准利率的 0.9 倍,还没有完全放开。与此同时,允许银行的存款利率进行下浮,下不设底。2006 年 8 月,浮动范围扩大至基准利率的 0.85 倍;2008 年 5 月汶川特大地震发生后,为支持灾后重建,中国人民银行于当年 10 月进一步提升了金融机构住房抵押贷款的自主定价权,将商业性个人住房贷款利率下限扩大到基准利率的 0.7 倍。2012 年 6 月,中国人民银行进一步扩大利率浮动区间。存款利率浮动区间的上限调整为基准利率的 1.1 倍;贷款利率浮动区间的下限调整为基准利率的 0.8 倍。7 月,中国人民银行再次将贷款利率浮动区间的下限调整为基准利率的 0.7 倍。2013 年 7 月,中国人民银行宣布全面放开金融机构贷款利率的管制。目前来看,可以开始完善存款保险制度等存款利率市场化的配套制度,为进一步推进存款利率市场化做准备。

而这些利率市场化的改革对中国经济有什么影响,尤其是对储蓄率、利率和经济增长等有什么影响,下面将用数据进行验证,数据时间跨度为从 1978 年到 2012 年,来自国泰安数据库和中经网数据库。

我们首先看国内生产总值当中消费和投资所占比例变化。

从图 6-1 可以明显地看到我国的消费比例逐年下降,而投资比例总体呈现上升趋势,这与我国改革开放后投资拉动型的经济增长方式有关,按照支出法统计的国内生产总值包含消费和储蓄两部分,一国的投资则来源于储蓄,因此从图 6-1 中可以发现中国的储蓄率呈现上升态势。

下面将考察中国的利率现状,包括中央银行制定的基准利率和市场化决定的 SHIBOR 利率。

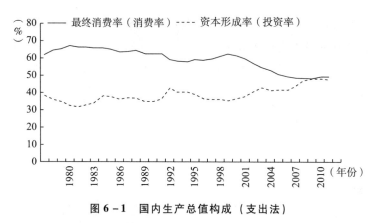

图 6 - 1 国内生产总值构成（支出法）

资料来源：国泰安数据库。

由图 6 - 2 和图 6 - 3 可以看出，我国的存贷款利率一直呈现波动下降态势，当然这是央行制定的基准利率。根据温彬（2004）、方先明和花旻（2009）等人的研究，可以选择 SHIBOR（上海银行间同业拆借利率）作为我国市场化条件下的基准利率。

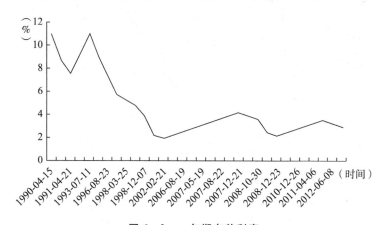

图 6 - 2 一年期存款利率

资料来源：国泰安数据库。

从图 6 - 4 中可以发现，银行间同业拆借的主要业务是隔夜同业拆借和 7 天内同业拆借业务，因此考虑这两类拆借业务的利率是有意义的。而且从图中还可以发现，2008 年后，银行间隔夜同业拆借的比例大幅度提高，而 7 天内同业拆借的比例有所下降。考察两者的利率可以得到图 6-5。

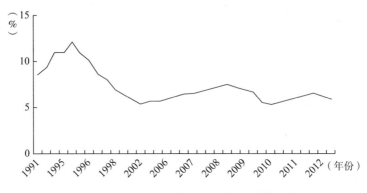

图 6-3 六个月至一年（含一年）贷款利率

资料来源：国泰安数据库。

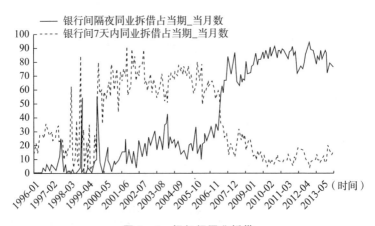

图 6-4 银行间同业拆借

资料来源：中经网数据库。

从图 6-5 中可以发现，银行间隔夜同业拆借加权平均利率的波动幅度较大，频度较高。从 1996 年放开银行间同业拆借业务以来，同业拆借利率呈现总体下降趋势。

同业拆借利率在某种程度上反映的是货币市场的供求状况，下面我们考察一下货币供应量与经济增长的关系。

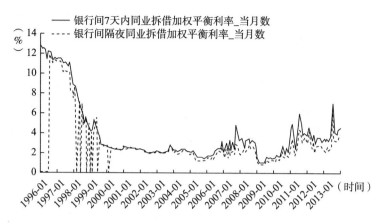

图 6 - 5　银行间同业拆借利率

资料来源：中经网数据库。

　　具体分析 SHIBOR 与经济增长以及通货膨胀的关系可以发现，SHIBOR 与经济联系紧密（见图 6 - 6），整体趋势与经济景气指数（一致指数）和居民消费价格指数一致，可以说，利率市场化改革成功的 SHIBOR 利率的走向在一定程度上反映了经济的走向，说明我国的利率市场化改革，尤其是银行间拆借利率的改革是卓有成效的。综合考虑以上各图可以发现，在我国货币供应方面，M2 一直呈现增长态势，但增长速度从 20 世纪 90 年代初期到 2008 年前后都呈下降趋势，但是在 2008 年前后，由于经济危机的影响，中央实行了四万亿元的刺激政策，M2 的增长速度有所提高。而在货币需求方面，从 M2/GDP 的变化可以看出，我国经济的货币化程度较高。但是 GDP 的增长速度落后于 M2 的增长速度，综合供给和需求来看，可以发现市场化的 SHIBOR 利率和国家调控的存贷款利率总体都呈现下降态势，与此形成对应的是整个国家的消费占比一直下降，投资或者说储蓄占比则呈现稳定上升态势。就速度而言，1998 年投资和消费的比例变化速度明显加快，投资率上升较快，相应的消费比例下降速度也加快。在 1998 年、1999 年，中国人民银行开始实行公开市场操作，同时逐步放开了金融债券、国债的利率管制，实现了市场化的利率，改革之后，储蓄率有了明显的上升。根据命题 1 可以知道，在利率市场化决定的经济中，储蓄率和利率之间的关系取决于相对风险规避系数 θ，如果 $\theta < 1$，则 s 随 r 递增；如果 $\theta > 1$，则 s 随 r 递减；如果 $\theta = 1$，则 s 与 r 无关。根据 Lucas（1987），陈彦斌（2005），陈彦斌、周业安（2006）等人的研究，风险规避系数 θ 的取值空间都大于 1，而中国在放开了金融债券和国债等的利率管制，实现市场化的利率之后，利率与储蓄率之间亦呈现负相关态势，这也在某种程度上说明了中国利率市场化改革效果显著，但是由于中国的利率市场化改革还没有彻底完成，存款利率还没有完全放开，所以目前我们还不能分析存贷款利率放开后会有何变化。

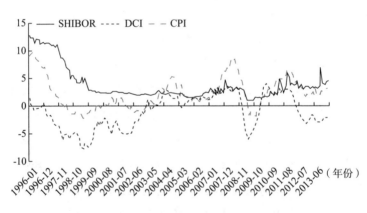

图 6 - 6   SHIBOR、CPI 与经济增长

资料来源：中经网数据库；其中，SHIBOR 是银行间 7 天内同业拆借加权平均利率，DCI 是一致指数，CPI 是居民消费价格指数。

受计划生育政策和生活、医疗水平提高的双重影响，中国的人口出生率、死亡率和自然增长率都有了很大的变化，具体如图 6 - 9 所示。

从图 6 - 9 和图 6 - 10 可以发现，我国的老龄化趋势明显，且负担老年系数呈现逐年递增态势，而负担少儿系数下降更为明显，可以预见，我国的老龄化程度有加剧的趋势。由于中国老龄化程度有加剧的趋势，而中国的老龄化对于经济增长是一把双刃剑，不仅会带来养老产业的发展，而且会带来劳动力不足、养老金困局等问题，对经济增长会有一定的负面影响，因此为了应对将来面临的困境，中国需要进行全面深化改革，促进经济稳定快速增长。

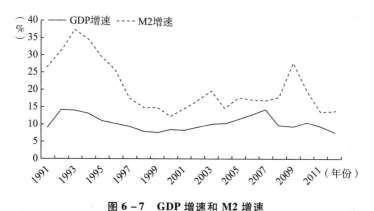

图 6 − 7 GDP 增速和 M2 增速

资料来源：中经网数据库。

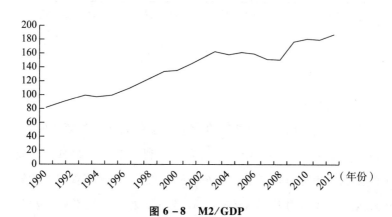

图 6 − 8 M2/GDP

资料来源：中经网数据库。

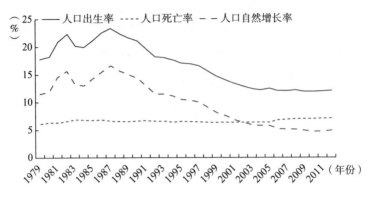

图 6 - 9　人口变化率

资料来源：中经网数据库。

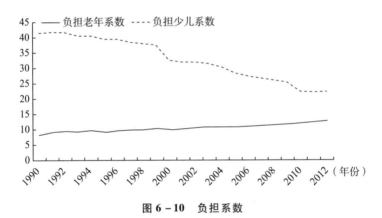

图 6 - 10　负担系数

资料来源：中经网数据库。

（三）结论

本章首先利用理论分析了利率管制下的利率和储蓄率的关系，同时考虑了老龄化的背景。结果发现，利率市场化改革后，储蓄率的变化与相对风险规避系数 θ 有关，θ 越大，利率管制下的储蓄率要大于利率放开后的储蓄率。在考虑了老龄化因素后，发现不同的养老保险制度对储蓄率的影响不同，完全基金式的养老保险制度对储蓄率没有影响，而现收现付式的养老保险制度对储蓄率的影响与相对风险规避系数有关。之后本文描述了中国的利率市场化进程，并发现中国的银行间拆借利率市场化改革后，呈现下降态势，与此同时，储蓄率有所上升，经济货币化程度有所上升，在中国的风险规避系数 θ 大于 1 的情况下，符合理论分析结果。同时由于中国的老龄化趋势加速，因此为了应对将来可能出现的困境需要进行全面深化改革，促进经济稳定快速发展。

附　录

1. 完全基金式的养老保险制度

在完全基金式的养老保险制度下，考虑 t 期出生的人优化问题：

$$\text{Max}: U_t = \frac{C_{1t}^{1-\theta}}{1-\theta} + \frac{1}{1+\rho} \frac{C_{2t+1}^{1-\theta}}{1-\theta}$$

$$\text{s. t. } C_{1t} + \frac{1}{1+r_{t+1}} C_{2t+1} = A_t w_t - d_t + \frac{1}{1+r_{t+1}} (1 + r_{t+1}) d_t$$

建立拉格朗日函数有：

$$\ell = \frac{C_{1t}^{1-\theta}}{1-\theta} + \frac{1}{1+\rho} \frac{C_{2t+1}^{1-\theta}}{1-\theta} + \lambda \left[A_t w_t - d_t + \frac{1}{1+r_{t+1}} (1 + r_{t+1}) d_t - \left(C_{1t} + \frac{1}{1+r_{t+1}} C_{2t+1} \right) \right]$$

处理之后有：

$$\text{FOC} \frac{C_{2t+1}}{C_{1t}} = \left(\frac{1+r_{t+1}}{1+\rho} \right)^{1/\theta}$$

结合约束条件有：

$$C_{1t} = \frac{(1+\rho)^{1/\theta}}{(1+\rho)^{1/\theta} + (1+r_{t+1})^{(1-\theta)/\theta}} \left[A_t w_t - d_t + \frac{1}{1+r_{t+1}} (1 + r_{t+1}) d_t \right] \quad (7)$$

2. 现收现付式的养老保险制度

在现收现付式的养老保险制度下，上述优化问题的约束条件就发生了变化。

$$\text{Max}: U_t = \frac{C_{1t}^{1-\theta}}{1-\theta} + \frac{1}{1+\rho} \frac{C_{2t+1}^{1-\theta}}{1-\theta}$$

$$\text{s. t. } C_{1t} + S_t + d_t = A_t w_t$$

$$C_{2t+1} = (1 + r_{t+1}) S_t + \frac{L_{t+1}^W}{L_{t+1}^R} d_t$$

整理有:

$$\text{Max}: U_t = \frac{C_{1t}^{1-\theta}}{1-\theta} + \frac{1}{1+\rho} \frac{C_{2t+1}^{1-\theta}}{1-\theta}$$

$$\text{s. t. } C_{1t} + \frac{1}{1+r_{t+1}} C_{2t+1} = A_t w_t + \left(\frac{1}{1+r_{t+1}} \frac{L_{t+1}^W}{L_{t+1}^R} - 1 \right) d_t$$

可以发现,在现收现付式的养老保险制度下,消费者个人一生的预期收入已经发生了变化,根据假设 $L_{t+1}^R = L_t^W$,收入的变化 $\Delta = \left(\frac{1}{1+r_{t+1}} \frac{L_{t+1}^W}{L_{t+1}^R} - 1 \right) d_t$ 与未来劳动力数量的变化有关。不妨设劳动力的增长率为 n_t^W,即 $L_{t+1}^W = (1 + n_t^w) L_t^W = (1 + n_t^w) L_{t+1}^R$,整理有

$$\Delta = \left(\frac{1}{1+r_{t+1}} \frac{L_{t+1}^W}{L_{t+1}^R} - 1 \right) d_t = \left(\frac{1+n_t^W}{1+r_{t+1}} - 1 \right) d_t = \frac{n_t^W - r_{t+1}}{1+r_{t+1}} d_t$$

结合前面老龄化率有:

$$\Delta = \frac{1 - \phi(2+r)}{(1+r)\phi} d_t$$

定义 $\chi = \frac{1 - \phi(2+r)}{(1+r)\phi}$,如果老龄化率 $\phi < \frac{1}{2+r}$,则消费者一生的预期收入增加;如果老龄化率 $\phi = \frac{1}{2+r}$,则消费者一生的预期收入不变;如果老龄化率 $\phi > \frac{1}{2+r}$,则消费者一生的预期收入减少。

建立拉格朗日函数有:

$$\ell = \frac{C_{1t}^{1-\theta}}{1-\theta} + \frac{1}{1+\rho}\frac{C_{2t+1}^{1-\theta}}{1-\theta} + \lambda\left[A_t w_t + \left(\frac{1}{1+r_{t+1}}\frac{L_{t+1}^W}{L_{t+1}^R} - 1\right)d_t - \right.$$

$$\left.\left(C_{1t} + \frac{1}{1+r_{t+1}}C_{2t+1}\right)\right]$$

处理之后有:

$$\text{FOC} \frac{C_{2t+1}}{C_{1t}} = \left(\frac{1+r_{t+1}}{1+\rho}\right)^{1/\theta}$$

结合约束条件有:

$$C_{1t} = \frac{(1+\rho)^{1/\theta}}{(1+\rho)^{1/\theta} + (1+r_{t+1})^{(1-\theta)/\theta}}\left[A_t w_t + \left(\frac{1}{1+r_{t+1}}\frac{L_{t+1}^W}{L_{t+1}^R} - 1\right)d_t\right] \quad (8)$$

此时的储蓄率为:

$$s_r^R = \frac{S_t}{A_t w_t} = \frac{A_t w_t - \frac{(1+\rho)^{1/\theta}}{(1+\rho)^{1/\theta} + (1+r_{t+1})^{(1-\theta)/\theta}}\left[A_t w_t + \left(\frac{1}{1+r_{t+1}}\frac{L_{t+1}^W}{L_{t+1}^R} - 1\right)d_t\right] - d_t}{A_t w_t}$$

结合前面的老龄化率, $d_t = \frac{Y_t^R}{L_t^R}$, $A_t w_t = \frac{Y_t^W}{L_t^W}$, 则 $\frac{d_t}{A_t w_t} = \frac{\tau(1-\phi)}{1-\tau\phi}$,
整理可得:

$$s_r^R = s_r^E - \frac{\tau}{1+r}\frac{1-\phi}{(1-\tau\phi)\phi}\left\{(1-s_r^E) - [1-(2+r_r^E)s]\phi\right\}$$

$\frac{\tau}{1+r} > 0$, $\frac{1-\phi}{(1-\tau\phi)\phi} > 0$ 显然成立,又 $(1-s_r^E) - [1-(2+$

$r_r^E)s]\phi > 0$ 时, $\phi < \frac{1-s_r^E}{1-(2+r)s_r^E}$ 显然成立。所以 $s_r^R < s_r^E$。即在现

收现付式的养老保险制度下,储蓄率是会小于最优储蓄率的,具

有挤出效应。

对 s_r^R 进行简化,总结可以得到:

$$s_r^R = s_r^E - \left[(1 - s_r^E)\chi - 1 \right](1 - \varepsilon) \tag{9}$$

其中 $\chi = \dfrac{1 - \phi(2 + r)}{(1 + r)\phi}$ 是养老金对收入影响的系数，$\varepsilon = \dfrac{1 - \tau}{1 - \tau\phi}$ 是劳动力的人均收入与社会总体人均收入的比例的倒数。

$$\frac{d\chi}{d\phi} = \frac{1}{1 + r}\frac{1}{\phi^2} > 0, \quad \frac{d\varepsilon}{d\phi} = \frac{(1 - \tau)\tau}{(1 - \tau\phi)^2} > 0$$

将 s_r^R 对 ϕ 进行求导有：

$$\frac{ds_r^R}{d\phi} = \left[(1 - s_r^E)\chi - 1 \right]\frac{d\varepsilon}{d\phi} - (1 - \varepsilon)(1 - s_r^E)\frac{d\chi}{d\phi}$$

又因为 $s_r^R < s_r^E$，所以 $\left[(1 - s_r^E)\chi - 1 \right](1 - \varepsilon) > 0$。 $1 - \varepsilon > 0$，故 $(1 - s_r^E)\chi - 1 > 0$

二 利率市场化改革的国际经验分析

(一) 引言

第二次世界大战以后，欧美等国家和地区受到凯恩斯主义的影响，对经济和金融的发展采取了一定的干预和管制措施，促进了经济的迅速复苏和发展。然而到 20 世纪六七十年代，干预和管制的弊端开始显现，各国相继开展了以利率市场化和资本流动自由化为代表的金融自由化改革历程。金融自由化改革以及与此伴随的金融创新促进了金融的国际化发展，并推动了全球化进程，刺激了各国经济的发展。所谓利率市场化主要是指在利率水平、利率传导、利率结构和利率管理方面，要发挥市场的决定作用。在当前我国经济发展国际化的趋势下，建立并完善市场对于要素的定价机制是我国由经济大国转变为经济强国的重要途径，在金融领域，利率市场化就是要发挥市场对金融产品定价的基础性作用。在这样一个改革大背景下，本文拟梳理世界上各国利率市场化的发展进程，总结一些经验和教训，为中国利率市场化的进一步推进提供建议。

（二）经济背景

第二次世界大战以后，凯恩斯主义盛行。欧洲、美国、拉丁美洲以及东南亚各国等都实行了较为严格的经济管制措施，在此期间出现并受到极度重视的发展经济学也在一定程度上强调了政府的作用，管制、干预、计划等词不仅存在于社会主义国家，而且在欧美等老牌资本主义国家也有一定的土壤，具有悠久历史的自由主义思想则受到大萧条的打击而处于沉寂状态。

以美国为例，早在大萧条初期，美国就实施了严格的利率管制，罗斯福政府在上台之后不久，就摒弃了自由放任主义的传统原则，接受凯恩斯的建议，运用国家力量干预经济，增加财政支出，刺激有效需求，管控金融发展。其中最为著名的就是1933年通过的《格拉斯－斯蒂格尔法》、1934年的《证券交易法》和1935年的《银行法》，这些法律限制了银行的存款利率，并对全国的证券交易市场进行监管，成立了存款保险公司，进一步加强了联邦储备银行的权力，对金融的运行，乃至整个经济的运行实现了严格的管控。这些措施不仅帮助美国从大萧条中逐步恢复过来，而且在二战中，发挥了国家调动资源的迅速性的特点，将资源集中到有关战争的产业中，极大地支持了美国的对外战争。类似的还有德国，德国也在1929年经济危机以后，实施利率管制，进而实施国家对整个经济的管制。与美国不同的是，德国的国家管制经济走向另一个方向，由于一战赔款的影响，德国的经济发展受到了一定程度的限制，而纳粹的上台则将国家管制经济发挥到极致，以"要大炮不要黄油"为指导，刺激了战争产业的发展。而从1932年开始实施的利率管制，不仅在二战期间没有废止，而且还持续到二战以后相当长一段时间。最初的利率管制是以银行间利率协定的方式进行的，后来直接发展到行政命令，范围也比较广泛，不仅有存贷款利率，而且有各种手续费等。而德国央行通过影响整个经济的信用水平，有效地控制了整个经济活动，使德国在二战以后也能迅速从战争中恢复。从 20 世纪 50 年代末到 70 年代初，德国的实际 GNP 年平均增长率为 5%，而失业率和通胀率在整个欧洲国家中都处于较低水平，这在一定程度上和德国的经济管制有密切关系。

前面两个是有关欧美发达国家的利率管制的经济背景，可以说，欧美发达国家的利率管制主要是针对大萧条期间自由主义经济，尤其是金融造成的灾难而进行的防范措施。除此之外，还存在以拉丁美洲、东南亚为代表的经济管制和以苏联为代表的社会主义国家的计划经济。

拉丁美洲主要是以墨西哥、阿根廷和智利为代表，在二战以后，这些国家由原来欧美的殖民地变成民主独立国家，二战期间盛行的凯恩斯主义对这些国家产生了重要影响，拉美国家在建国后，普遍实行以政府干预经济为代表的凯恩斯主义，利率管制亦是其中的重要一项，而东南亚国家以及韩国等都是以军政府等为代表的威权政府，对经济的管制也是相当严格的，而事实表明，韩国、新加坡等威权政府对经济的主导促进了经济整体的发展，从而迅速崛起成为"亚洲四小龙"。类似的还有日本政府，日本从明治维新开始对经济就发挥引导作用，而日本的经济发展与财阀有密切关系，在二战以后，日本实行了约束型的金融体制，对金融机构的业务范围和利率都有着严格限制，而且金融机构分工明确，呈现多样性。1947 年的《利率调整法》明确了对利率的管制，分为直接限制和指导性限制两种形式。严格限制使日本的利率长期保持着较低的水平，而管控型经济又将这些资金用于恢复生产和促进经济复苏。可以说，低廉的资金极大地刺激了日本经济的发展,使之跃居经济强国之列,创造了"日本奇迹"。

以苏联为代表的社会主义国家则实行了计划经济,对经济实行全方位的管控,资金的使用由国家调配,利率也丧失了其原有的作用和意义。而苏联解体之后,俄罗斯面临经济的转轨,以利率市场化为代表的金融自由化进程就成为俄罗斯需要经历的主要路径。

对于欧美国家、日韩以及东南亚国家而言,在对经济的发展进行管制一段时间以后,经济的活力显现不足,欧美国家出现了"滞胀"现象,而日韩和东南亚国家等也面临经济发展的瓶颈。而拉丁美洲国家由于受到世界经济的冲击,尤其是石油危机和20世纪70年代的欧美经济危机影响,国家收支进一步恶化,需要进行经济转型。这样,在不同的经济背景下,欧美国家、日韩和东南亚国家以及拉丁美洲国家都不约而同地放弃了凯恩斯主义,实行了利率市场化改革,但是路径有所不同,下文将详细论述。

(三)各国历程回顾

在这一部分,我们回顾一下有代表性的国家的利率市场化改革过程,这其中包括以美国、德国为代表的市场驱动型,以阿根廷、智利、俄罗斯为代表的政府主导激进型,以韩国、日本为代表的政府主导渐进型。

1. 市场驱动型的利率市场化改革

美国和德国是市场驱动型利率市场化改革的代表。美国的利率市场化是由直接融资体系和影子银行体系的快速发展引起的,并且与金融的全球化有密切联系,与此同时,也与当时的美国总统里根推行的"里根经济学"有关。虽然德国也是市场驱动型的典型代表,但是与美国不同的是,德国没有出现美国那样的银行倒闭危机，原因在于德国的经济与银行有密切关系，银行业是全能银行体系，直接融资和金融创新并不像美国那么发达，即使在利率市场化改革后，由此造成的风险就相互抵消，从而避免了银行危机。但无论是以直接融资为主的美国还是以间接融资为主的德国，实行的都是市场主导的改革，而且都经历了漫长的过程。具体过程如表6－1和表6－2所示。

表6－1 美国的利率市场化改革进程

年份	改革措施
1964～1965	两次提高定期存款利率上限
1970	放松对10万美元以上、90天以内的大额存单的利率管制
1973	规定10万美元以上存单不受Q条例规定的利率限制，取消所有大额存单的最高利率限制，并取消1000万美元以上、期限5年以上的定期存款利率上限
1978	允许存款机构引入短期货币市场存款账户（6个月期，1万美元以上），并不受支票账户不能支付利息的限制
1980	允许所有金融机构开设NOW账户（可转让支付存款账户）业务
1982	准许存款机构引入短期货币市场存款账户（91天期限、7500美元以上），并放松对3年6个月期限以上的定期存款的利率管制；准许存款机构引入货币市场存款账户（2500美元以上）
1983	准许存款机构引入超级可转让提款通知书账户；并取消所有定期存款的利率上限
1986	取消NOW账户的利率上限，实现了利率的完全市场化

资料来源：瑞银证券UBS Investment Research，2012年8月28日。

表6－2 德国的利率市场化进程

年份	改革措施
1962	金融当局修改《信用制度法》，缩小利率限制对象，开始利率市场化改革
1965	金融当局解除对25年以上的定期存款利率的管制
1966	取消期限在3个月以上超过100万马克的大额存款利率的限制

续表

年份	改革措施
1967	政府提出废除利率限制的议案，经中央银行同意4月全面放松利率管制，但对储蓄存款实施标准利率
1973	储蓄存款标准利率被废止

资料来源：瑞银证券 UBS Investment Research，2012 年 8 月 28 日。

2. 政府主导激进型改革

拉丁美洲国家在二次大战以后，受凯恩斯主义的影响，普遍实行政府干预，尤其是对利率进行严格管制，并且管制的种类和范围都远远超出一般水平，由此造成了利率水平远远低于市场决定的均衡利率，实际利率通常为负值，20 世纪 70 年代，世界爆发了石油危机和经济危机，对拉美经济造成沉重打击，国际收支迅速恶化，国内经济形势严峻，通货膨胀率飙升，在这样的冲击下，阿根廷、智利等国在货币主义观点的影响下，实行了激进的市场化改革方案，主要是取消对利率的控制，取消指导性信贷计划，将国有银行私有化等，具体如表 6-3 所示。

而还有另外一种政府主导激进型改革就是俄罗斯的利率市场化改革。俄罗斯的利率市场化改革是伴随着经济转轨进行的。在启动利率市场化改革过程中，俄罗斯的国内经济环境并不理想，处于整体转型中，通货膨胀严重，银行体系不稳定，可以说，俄罗斯的利率市场化改革就是一种激进的休克式改革，主要是迅速放开商业银行利率、发展银行间同业拆借市场、引入公开市场操作、实行信贷拍卖制等，具体过程如表 6-4 所示。

表 6-3　智利的利率市场化改革进程

时间	改革措施
1973 年 9 月至 1975 年 3 月	主要放松对非银行金融机构的准入限制，允许私人设立金融公司，并大幅度提高乃至取消存款利率的上限

时间	改革措施
1975 年 4 月至 1976 年 6 月	政府一举取消对银行存贷款利率的所有限制，紧缩需求，深化经济结构改革，实行银行私有化和大幅度的货币贬值
1976 年 6 月至 1979 年 6 月	为了抑制成本上升和通货膨胀，继续实行货币贬值，逐步放宽对外国资本流动的管制

资料来源：瑞银证券 UBS Investment Research，2012 年 8 月 28 日。

表 6 - 4　俄罗斯的利率市场化改革进程

年份	改革措施
1992	实行"休克疗法"，放开商业银行利率，提高放贷条件，采取信贷分配额限制
1993	发展银行间同业拆借市场，发展国家短期债券，引入公开市场操作
1994	实行信贷拍卖制，取消俄罗斯央行的直接贷款

资料来源：张健华《利率市场化的全球经验》，机械工业出版社，2013。

3. 政府主导渐进型改革

与欧美等国和地区的以市场为主导的渐进型改革和以拉美国家以及俄罗斯为代表的政府主导的改革不同，日本、韩国等东亚国家和地区是政府主导的渐进型改革。之所以采取这种方式与东亚经济环境有关。韩国、中国香港、新加坡和中国台湾曾经作为东亚经济的发展奇迹，被誉为"亚洲四小龙"，而日本的经济发展则更令人惊讶，其一跃成为世界经济强国。所有这些国家的发展都与威权政府有关，比如韩国的李承晚、新加坡的李光耀等。东亚奇迹和日本奇迹在很大程度上与政府主导的外向型经济发展有关。20 世纪 70 年代，世界经济受石油危机等的冲击，发展趋势放缓，对以外向型经济发展的东亚国家而言，经济危机造成的影响是巨大的，东亚各国普遍出现了国际收支情况的恶化。在国家内部，由于长期的威权政府，经济管制的弊病开始慢慢呈现，东亚各国普遍出现了经济增长迟缓、失业严重和通货膨胀高企的"滞胀"现象。在内外压力的共同作用下，东亚各国在 20 世纪七八十年代普遍实行了利率市场化改革，具体过程如表 6 - 5、表 6 - 6 所示。

表 6 - 5 日本的利率市场化改革进程

年份	改革措施
1978	银行间拆借利率弹性化、票据买卖市场化
1978	以招标方式发行中期国债
1979	2 个月期票据贴现采取自由利率
1979	发行自由利率的大额可转让定期存单（50000 万日元以上）
1985	开办"自由利率联动性存款"（5000 万日元以上）
1985	取消大额定期存款利率管制（10 亿日元以上）
1989	开办"市场利率联动性存款"（300 万日元以上）
1989	取消大额定期存款和"市场利率联动性存款"的利率管制（1000 万日元以上）
1993	取消小额的定期存款和"市场利率联动性存款"的利率管制（1000 万日元以下）
1994	取消除活期存款外的所有存款的利率管制

资料来源：瑞银证券 UBS Investment Research，2012 年 8 月 28 日。

表 6 - 6 韩国的利率市场化改革进程

年份	改革措施
1981	引入无管理的商业票据
1982	允许企业债券收益率在一定幅度内波动
1984	对贷款利率实行分段的方法，银行被允许在最高限内，根据期限确定贷款利率，银行间拆借利率和未担保的企业债券发行利率自由化
1986	允许只有确定公司债券的发行利率以及可转让存单的利率
1988	除某些政策性贷款利率外，全面放开对银行和非银行金融机构的利率管制
1991	公布《对利率放开管制的中长期计划》
1993	除政府贷款和韩国银行再贴现贷款外，所有贷款利率都放开，同时放开两年以及两年以上的长期存款利率

续表

年份	改革措施
1994	放开 1 年期以上的存款利率以及有韩国银行再融资的贷款利率
1995	由中央银行再贴现支持的贷款全部放开，存款利率除活期利率外也全部放开
1997	逐步放开活期存款利率，完全实现利率市场化

资料来源：张健华《利率市场化的全球经验》，机械工业出版社，2013。

（四）利率市场化改革对经济的影响

前面第三部分分析了三种不同的利率市场化改革的模式，并且分析了相关国家具体的改革历程，本部分侧重分析美国、智利、俄罗斯和日本的利率市场化改革前后的经济变化。

1. 市场驱动型利率市场化改革的经济影响

首先分析美国，美国在历史上实施过严格的利率管制，以适应二战后国家干预经济的政策指导方针。而在里根总统任期内，美国政府认可市场配置资源和提升社会生产率的能力，进行了利率市场化改革。美国的利率市场化是由直接融资体系和影子银行体系的快速发展所引发的，同时也与经济的市场化和全球化有密切联系。

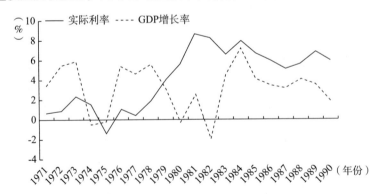

图 6-11　美国利率市场化改革前后的实际利率和 GDP 增长率

注：实际利率是指按照通胀调整的贷款利率。

资料来源：世界银行数据库。

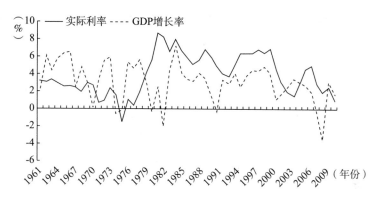

图6-12 美国的实际利率和GDP增长率

注：实际利率是指按照通胀调整的贷款利率。
资料来源：世界银行数据库。

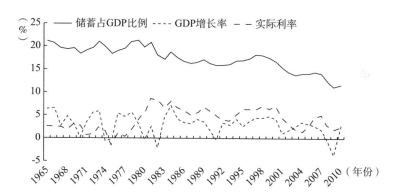

图6-13 储蓄占GDP的比例、GDP增长率和实际利率

注：实际利率是指按照通胀调整的贷款利率。
资料来源：世界银行数据库。

从上述三图可以发现，美国在进行利率市场化改革中，实行了渐进的市场驱动型改革，实际利率上升较为缓和，在市场化改革完成后，实际利率出现下降的态势，并有所波动，而储蓄在GDP中的比例呈现逐渐下降态势。

2.政府主导激进型利率市场化改革的经济影响

对智利而言，推行市场化改革的时间较早，而且改革前宏观经济形势恶劣，改革较为激进，多个改革项目同时推进，对整个经济运行造成了不良影响。

由图 6-14 和图 6-15 可以发现在智利进行利率市场化改革之后，存贷款利率有个迅速下降的过程，而且贷款利率下降得更为迅猛，导致利差也出现了一个急剧下降的过程，一直到 20 世纪 80 年代中期之后，才开始逐步稳定。实际利率在改革完成的初期，有一个急剧上升的过程，到 80 年代中期以后，开始下降并有所波动。与美国相比，智利的实际利率较高，而且波动幅度较大。由于进行了激进型的金融改革，智利的经济增长在改革中出现了极大的下滑，一直到 80 年代中期才开始复苏，储蓄占 GDP 的比例在改革完成初期处于下滑态势，也是到 80 年代后期，才开始缓慢上升，到 90 年代，呈现稳定趋势。

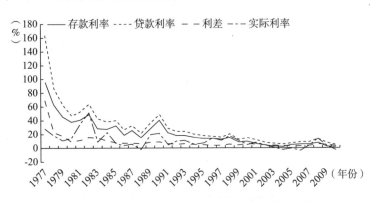

图 6-14　智利的存款利率、贷款利率、利差和实际利率

注：实际利率是指按照通胀调整的贷款利率。
资料来源：世界银行数据库。

俄罗斯的利率市场化改革是与该国的"休克疗法"联系在一起的，在短短两三年，就将存贷款利率放开，实现了利率市场化。但过于快速的改革也造成了利率在短期内的急剧下降，实际利率的波动较为剧烈，对经济增长造成了不良影响。

对图 6-16、图 6-17 和图 6-18 进行分析发现，俄罗斯在实

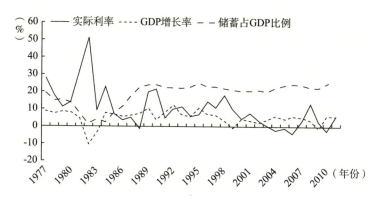

图 6-15 智利的实际利率、GDP 增长率以及储蓄占 GDP 的比例

注：实际利率是指按照通胀调整的贷款利率。

资料来源：世界银行数据库。

行利率市场化改革后，利率下降到合理水平，利差变化较为稳定，实际利率波动却比较剧烈，这与俄罗斯自身的通货膨胀率波动剧烈有关。相对应的，俄罗斯的 GDP 增长在利率市场化改革进程中出现了波动，甚至出现了负增长。但是在利率市场化改革完成后，虽然实际利率还有较大幅度波动，但是经济增长较为稳定，储蓄占 GDP 的比例趋势也较为平稳。

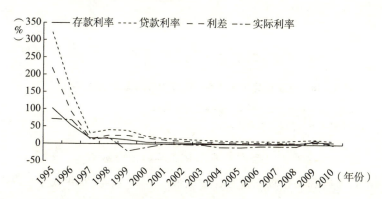

图 6-16 俄罗斯的存款利率、贷款利率、利差与实际利率

注：实际利率是按照通胀调整的贷款利率。

资料来源：世界银行数据库。

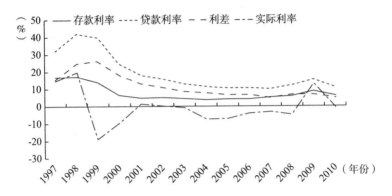

**图 6 – 17　俄罗斯利率市场化改革完成后的存款利率、
贷款利率、利差和实际利率**

注：实际利率是指按照通胀调整的贷款利率。

资料来源：世界银行数据库。

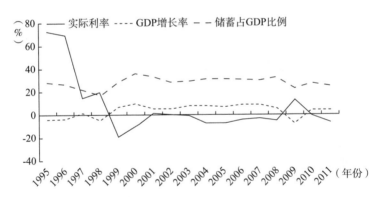

图 6 – 18　俄罗斯的实际利率、GDP 增长率和储蓄占 GDP 比例

注：实际利率是指按照通胀调整的贷款利率。

资料来源：世界银行数据库。

3. 政府主导渐进型利率市场化改革的经济影响

日本的利率市场化进程比较缓慢，从 20 世纪 70 年代中后期开始，一直持续到 20 世纪 90 年代。二次大战以后，日本金融体系实行严格的利率管制和分工限制，集中大量资金恢复经济，但是随着经济的发展，直接融资市场发展迅速，利率管制和分工限制导致银行经营状况恶化，而且对日本企业在海外市场的业务扩展也不利，在内外压力下，日本实行利率市场化改革。

分析图 6-19 和图 6-20 可以发现，日本在进行利率市场化改革的初期，存贷款利率都有下降的过程，利差相对较为稳定，但是实际利率经历了大幅度的波动。在利率市场化改革完成的初期，储蓄占 GDP 的比例有下降的态势。

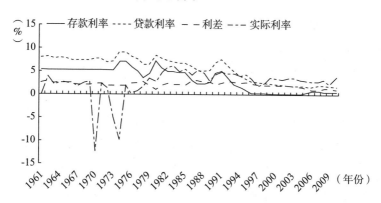

图 6-19　日本的存款利率、贷款利率、利差以及实际利率

注：实际利率是指按照通胀调整的贷款利率。

资料来源：世界银行数据库。

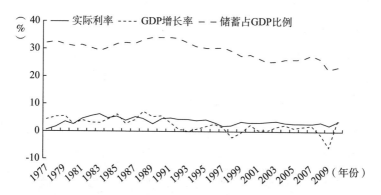

图 6-20　日本的实际利率、GDP 增长率以及储蓄占 GDP 比例

注：实际利率是指按照通胀调整的贷款利率。

资料来源：世界银行数据库。

比较美国、智利、日本和俄罗斯的储蓄占 GDP 的比例可以发现，美国、日本的储蓄占 GDP 的比例在利率市场化改革完成后出现了下降趋势，而智利、俄罗斯的储蓄占 GDP 的比例在利率市场化改革完成后出现了小幅上升。而在市场化改革后，各国利率都出现了下降趋势，区别在于下降的速度。美国和日本无论是存贷款利率还是利差，都有一个平稳下降的过程，而智利和俄罗斯都出现了利率在短期内急剧下降的态势。根据前面的分类，美国是市场驱动型渐进式改革，日本是政府驱动型渐进式改革，智利和俄罗斯则是政府驱动型激进式改革。在渐进式改革中，人们对经济发展的预期比较稳定，消费意愿相应地也比较稳定，在消费倾向较为稳定的社会中，利率市场化后，存贷款利率出现了下降，导致人们将收入转向消费，减少储蓄，因此，利率市场化后的储蓄占 GDP 的比例有下降的态势。而智利和俄罗斯则是激进型改革，这样的改革会造成居民对经济和消费的不稳定预期，从而不敢将收入用于消费，而是用于储蓄，哪怕是在利率下降的情况下。在消费预期存在较大波动的社会中，在利率市场化改革完成后，社会的储蓄率会有所上升。

（五）结论和启示

前面论述了美国、日本、拉美国家以及俄罗斯在利率市场化时的经济背景、利率市场化的改革历程以及改革前后的经济变化。可以发现以下结论。第一，利率市场化改革是经济发展尤其是金融发展到一定程度时的内生需要。无论是发达国家的美国、日本还是发展中国家的代表拉美国家，或者转轨经济的代表俄罗斯，都是在经济发展受到内外部冲击，形成一定的发展约束后，为了突破发展瓶颈而实行利率市场化改革。第二，利率市场化改革的成功与否与当时的经济基础和外部环境有密切关系。经济基础较好的国家，如美国在进行利率市场化时，整体的宏观经济环境处于相对稳定的状态，微观方面，金融创新发展迅速，金融机构和法律机制比较健全和完善，与改革配套的监管制度和保险制度等也都有一定的基础，这就保证了美国利率市场化改革的平稳运行，即使在改革后出现了银行倒闭危机，但是由于相关制度，比如存款保险制度比较健全，并没有对整体经济发展造成巨大冲击。而日本则因为银行主导着金融的发展，银行的业务分布较为广泛，利率市场化改革造成的风险在银行的广泛业务中得到了抵消，整体经济的发展比较平稳。与美国、日本不同，智利等拉美国家则是在不具备稳定的宏观运行环境、完善的微观基础以及受到国外经济冲击的内外夹击下，实行的利率市场化改革，而且是在短期内迅速完成，激进的选择虽然使利率决定市场化了，却造成了极大的动荡，不利于经济的发展。作为转轨国家的俄罗斯，其利率市场化改革是与经济改革的"休克疗法"联系在一起的，在改革初期，也造成了经济的动荡，但由于利率的改革伴随着经济的改革，从长远来看，也具有一定的效果。第三，利率市场化改革的路径选择至关重要。从前面三种分类可以看出，实行渐进式改革的国家，无论是市场主导的还是政府主导的，都取得了成功，而实行激进式改革的国家，无论是经济自由化还是经济转轨，在短期内都存在一些问题。

根据前面分析的结论，可以发现上述国家的改革历程对中国的启示主要有以下几点。第一，利率市场化改革是经济发展到一定阶段的内生需要。中国目前的利率市场化改革已经实行了十几年，仅仅剩下存款利率未实行市场化改革，资本项目没有开放。但是否放开存款利率以及资本项目，还是要根据中国经济发展的需要进行判断。第二，从宏观经济、微观基础和外部环境来看，中国需要在宏观经济运行比较稳定、拥有健全的微观基础和安全的外部环境的条件下进行利率市场化改革，这就要求在建立健全配套制度的情况下，比如存款保险制度和监管制度等，才能放开存款利率和资本项目，否则会造成经济的动荡。第三，从选择方式上看，中国过去十几年的利率市场化改革选择的都是政府主导型的渐进式的改革，也取得了良好的效果，但是在目前中国的银行业逐渐走向全能银行的趋势下，进行利率市场化改革要稳步推进混业监管制度的建立和完善，在迈出利率市场化改革的最后一步时，依然要选择政府主导的、完善的配套制度基础上的渐进式改革。

三 利率市场化后的相关制度建设

从 20 世纪 70 年代开始，全球兴起了一股金融自由化的浪潮，而利率市场化改革则是这股浪潮最重要的组成部分。根据国家发展程度的不同，可以将利率市场化改革分为发达国家的利率市场化改革、发展中国家的利率市场化改革以及转轨国家的利率市场化改革。根据改革的方式不同，利率市场化改革可以分为激进式改革和渐进式改革。不同的国家以及不同的改革方式使利率市场化改革对各国的影响有很大的差异，有的国家极大地促进了金融发展和经济增长，比如美国等，但是有的国家陷入了通货膨胀和经济动荡中，比如阿根廷等南美国家。出现这些差异的一个很重要的原因在于利率市场化改革后，政府的配套措施能否适应改革后的金融环境。我国的利率市场化改革从 1996 年就开始了，历经将近 20 年的改革，目前已经只有银行存款利率没有放开，因此，为了避免改革后，政府的职能不能与金融环境配套而出现动荡，在这个时候考察利率市场化后政府职能的相应转变是有意义的。

（一）利率市场化改革内涵和历程

所谓利率市场化改革，主要是指金融机构在货币市场经营融资的利率由市场供求来决定，包括利率决定、利率传导、利率结构和利率管理的市场化。也就是说，利率市场化改革并不仅仅是放开利率管制那么简单，而是相关的一整套金融制度的改革，是一项"牵涉金融机构改革、金融市场建设以及金融理念转变的系统工程"（徐高，2013）。而利率市场化的内涵，则是回归到利率的本质，即"利率作为非常重要的资金价格，应该在市场有效配置资源过程中起基础性调节作用，实现资金流向和配置的不断优化"，从这个意义上来讲，利率市场化改革就是资本价格的改革，从目前世界上已经开展和完成的利率市场化改革来看，利率市场化改革需要伴随着经济体制、资源配置方式等方面的完善进行，如果经济体制等不能适时转型，适应市场化的利率，那么放开的金融市场就会成为经济动荡的根源。我国的利率市场化改革从1996年开始，首先实现了银行间同业拆借利率的市场化，之后2003年2月，中国人民银行公布的《2002年中国货币政策执行报告》确定了"先外币，后本币；先贷款，后存款；先长期、大额，后短期、小额"的利率市场化改革顺序，并在随后的十年中陆续实现了货币市场、债券市场、外币市场、金融机构贷款市场的利率市场化，确定了包含SHIBOR（上海银行间同业拆借利率）、央票利率和国债收益率等的金融市场基准利率体系。与此同时，中国人民银行对经济的调控方式也由以前的利率管制转向公开市场操作、存款准备金率等市场化的调控方式，而2013年7月，中国人民银行全面放开金融机构的贷款利率意味着我国在利率形成机制方面迈出了一大步，从表面上看，仅仅余下最后一步——放开存款利率。但是从中国目前的整体经济情况来看，与利率市场化相关的配套制度还需要不断完善，比如具体金融层面的存款保险制度、金融机构退出机制，宏观经济层面的货币政策、监管制度以及微观层面的国企改革等方面。

（二） 利率市场化过程中的具体金融层面的配套制度建设

利率市场化不仅仅是利率层面的改革，还需要相关制度的配套建设。利率市场化后，利率的定价机制和传导方式都由市场化的主体博弈决定，在这样的情形下，金融创新迅猛发展，金融出现了结构性变化。20 世纪六七十年代，加拿大、德国、日本等 15个国家建立了存款保险制度，到了八九十年代的时候，随着利率市场化的深入和金融全球化的发展，金融风险越来越大，各国开始寻求各种方法来维护金融稳定，建立存款保险制度就成为重要选择，到目前为止，总共有超过 70 个国家和地区建立了存款保险制度。存款保险制度是指存款性金融机构集中起来建立一个保险机构，各存款机构作为投保机构向保险机构缴纳保险费，当成员机构面临危机或濒临破产时，保险机构向其提供流动性支持或代替破产机构在一定限度内向存款者支付存款的制度。该制度可以分为两类：显性存款保险制度和隐性存款保险制度。显性存款保险制度是指以法律形式明确说明或正式建立了存款保险机构的存款保险制度；而隐性存款保险制度则是没有法律说明或者正式的保险机构提供保险，但是一般都会由政府或者中央银行进行隐性担保的存款保险制度。Garcia （1999） 调查发现，在近 70 个国家和地区的存款保险制度中，完全由官方创建和管理的有 34 个，由官方和私人联合创建和管理的有 23 个，单纯由银行业协会等私人部门创建和管理的有 13 个，而美国等少数国家是官方和私人性质的制度并存。但是存款保险制度的作用存在较大争议，Gennote 和Pyle （1991） 研究了存款保险对于银行贷款的资产组合的影响，结果发现，存款保险将导致低效率投资，并且对资本要求的增加不能够抵偿风险的增加。Demirguc-Kunt 和 Detragiache （2000） 使用了世界银行的跨国数据研究了存款保险与银行危机之间的关系。采用 61 个国家在 1980～1997 年的数据估计了存款保险与银行危机的关系，发现显性的存款保险制度将会增加一国发生银行危机的可能性。Chernykh 和 Cole（2011）认为，市场竞争能够促使银行在保护存款人和取得投资收益之间找到最优均衡，而存款保险制度会加大银行经营成本，降低市场效率，弱化银行竞争力，进而使银行更容易失败。上面论述的都是存款保险制度的负面影响，但是存款保险制度在一定程度上增加了公众对银行体系的信任，有利于居民储蓄。Cull、Senbet 和 Sorge（2002）检验了 58 个国家和地区的时间序列数据，发现在制度发展水平较高的国家和地区里，显性存款保险制度会对金融活动水平及其变动产生积极影响，但是如果制度发展存在缺陷，那么存款保险制度就会导致金融不稳定进而损害金融发展。Cecchetti 和 Krause（2001）对 49 个国家和地区的截面数据进行回归分析后发现，存款保险制度阻碍了非银行融资机制的发展。Honohan 和 Klingebiel（2003）分析了全额担保对处理银行危机的最终财政成本的影响，结果发现，无限制的存款人担保、流动性支持和管制宽容显著增加了处理银行危机的最终财政成本，但是并未发现财政成本和经济复苏速度之间存在替代关系。从这些分析中可以发现，虽然现在大多数国家都已经建立了存款保险制度，但是对存款保险制度的作用，依然存在很大争议，不过从这些研究中可以发现，存款保险制度能否起到正向作用在很大程度上依赖于制度质量和存款保险制度本身的设计特征。对中国来说，在利率市场化改革进行到现阶段的情况下，存款利率不能轻易放开，应该在此之前深入研究存款保险制度的设计，并且进行全面深化改革，提高制度质量水平，否则即使建立了存款保险制度，也会产生负面影响。

从世界各国利率市场化的经验来看，利率市场化改革后，金融环境会发生急剧变化，部分管理不善，尤其是缺乏风险管理和金融产品创新的银行会出现经营困难的情形，面临危机或者濒临破产的窘况。存款保险制度可以向这些濒危银行提供流动性支持，或者破产时支付银行里的储户存款，但是依然会有一些银行不可避免地会破产，比如，美国在利率市场化后就出现了一些小型金融机构的倒闭潮。这些倒闭的银行如何顺利地退出金融市场，并对金融发展和经济运行产生最小影响成为考虑的重要问题，这就需要完善的银行退出制度的建立。银行退出主要是指破产银行或者问题银行依照一定的程序停止经营，清理或者转让债权并清偿或转让债务、关闭机构、丧失独立法人资格、丧失民事权利和行为能力，从而退出市场的过程。与一般的破产企业退出不同，银行退出一般不是由法院来执行破产清偿程序，而是由专门的银行退出管理机构来执行清算手续。阙方平（2001）研究认为，问题银行的退出有四个特征：一是法人地位的消灭；二是风险的转移、分散和补偿；三是体现市场经济的公平和效率原则；四是它属于完全性淘汰机制而不是优化机制。强调问题银行的退出要实行市场化退出机制，并且为了降低负外部性，需要遵循依法退出、风险最小化等原则。就国际比较来看，美国、英国等英美法系的国家对问题银行的处置是坚持市场主导模式、不良资产评估、出售，问题银行的兼并都来自市场的选择，这种方式要求完善的存款保险制度保障存款者的利益，同时要求整个金融市场的健全发展。而日本等大陆法系的国家，问题银行的退出是基于政府强干预下的市场退出。美日的银行退出机制的不同与两国的法律制度和金融结构有密切联系，美国是英美法系，银行、证券、保险等发展较为完善，且比较分散，是市场主导型金融体系。而日本是大陆法系，并且是银行主导体系。由此可以发现，银行退出机制的选择与各国的法律制度和金融结构有密切关系，对我国而言，政府干预过多，最近几年虽然允许问题银行退出市场，但是都是政府主导的退出，效率较低，同时还增加政府的财政负担。相对应的，我国问题银行的市场退出规则并不透明、不确定，相关法律不健全，可操作性差。而政府的隐性担保的存在使问题银行的退出困难重重，一旦退出容易引起金融系统的动荡，产生较大的外部性，这就需要相应的存款保险制度来保障储户的利益，降低不确定性。

在我国利率市场化改革的当前阶段，存款保险制度和银行退出机制的建立是相辅相成的，而且两者的作用发挥都需要较高的制度质量。具体而言，两者的建立都需要相关法律的制定，并且能够得到切实贯彻执行。而且就本身而言，需要在借鉴国外经验的理论和实践基础上，完善存款保险制度和银行退出机制本身的设计。只有完善的设计和相应的制度保障，存款保险制度和银行退出机制才能发挥应有的维持金融稳定和促进经济发展的作用。

（三）利率市场化与货币政策：政策框架和调控方式的改变

利率与货币政策之间存在千丝万缕的联系，主要集中在如下两方面。

第一，货币政策利率传导机制。早在 19 世纪末期，瑞典学派的维克赛尔（Wicksell）提出了自然利率的概念，并认为货币对经济的影响是通过货币利率与自然利率的一致或背离来实现的。而凯恩斯则在维克赛尔利率理论的基础上，提出了自己的一整套货币政策传导机制。在流动性偏好的假设下，可以通过对利率政策的调整，实现预期的经济目标。具体而言，货币供给影响利率水平，利率水平发生变化后通过投机动机影响货币需求，货币需求引起投资的变动，进而影响总需求和国民收入。希克斯在凯恩斯理论的基础上，创立了 IS－LM 模型，认为，当利率下降时，投资和消费的成本降低，人们会增加投资和消费支出，导致社会总需求上升，社会总产出上升。托宾的 Q 理论继承和发展了凯恩斯主义的利率传导理论，肯定了利率对货币需求的决定作用，坚持利率是衡量货币政策的重要指标，利率的内涵也发生了变化，不再是单一利率，而是各种利率的对比关系或者是作为真实投资的金融成本的某种利率组合。McCallum（1983）实证表明，作为价格工具的利率与货币总量相比，更能有效调控经济。Estrella 和 Mishkin（1996）分析了货币政策最终目标和货币供应量以及美国联邦基准利率的相关关系，结果发现，美国联邦基准利率与货币政策最终相关关系程度最好。货币政策利率传导机制的关键在于强调实际利率对消费和投资的影响，在有名义价格刚性的条件下，即使存在理性预期，中央银行对名义利率的调整也能对实际经济活动产生影响。Friedman 和 Kuttner（1992）通过 VAR 检验了商业票据利率与三个月国库券的利差对真实收入的预测能力不仅高于货币总量，而且显著高于其中任何一个利率。

第二，货币政策规则制定方面。Taylor（1993）提出了泰勒规则，认为真实利率是唯一能够与物价和经济增长保持长期稳定关系的变量。自此，泰勒规则开始成为人们研究货币政策的主要参考原则。在此之后，Bernanke 和 Woodford（1997），Clarida、Gali 和 Gertler（1997）等都对此做了比较详细的研究，说明利率在货币政策制定当中，有着举足轻重的地位。而利率市场化则强化了货币政策的效率和利率作为价格信号的效果。胡新智、袁江（2001）比较了"渐进式"和"激进式"两类利率市场化改革模式的优劣，认为成功的利率市场化改革需要稳定的外部环境，鼓励金融创新，同时需要调整货币政策框架，将以货币供应量为中间目标转换为以市场化的利率为中间目标，与此同时，货币政策工具也要发生变化，由利率、汇率等价格型工具取代货币供应量等数量型工具。而调控的主要场所也将转到货币市场上。泰翰·菲兹罗等（2010）认为随着利率市场化程度的加深，在政府宏观调控强调市场性的大背景下，利率机制成为货币政策调控的主导机制，中央银行将超市场化的利率作为中介目标，间接作用于商业银行，市场化调节货币供求状况，而商业银行的市场化运作方式会根据利率反映的资金供求状况合理地分配资金。从这个角度来说，利率市场化和货币政策改革是一项系统的配套工程。

利率市场化不仅仅是简单地把各种利率放开，而是要建立市场化的利率决定机制和传导机制等，与此同时，相关机构还需要适时转变，采取市场化的调控手段。利率市场化完成后，面对市场化的利率决定和传导机制，货币当局面临许多约束，比如，市场化决定的利率反映了市场上的货币供求情况，然而由于信息不对称等因素的存在，货币市场与其他商品市场一样存在市场失灵状况，也需要政府的宏观调控。但是货币市场和金融市场配置的是资金，从而会牵涉整个社会资源的配置，在这样的情况下，不对货币市场造成损害而达到调控目的，调整时机和调整手段的选择就显得至关重要。此外，在手段选择方面，再贴现率需要有发达的票据再贴现市场，而公开市场业务需要有发达的政府债券市场，不然调控措施会因为传导渠道的缺乏而大打折扣。还有一个最关键的因素，在市场化的利率决定机制下，我国金融市场主体与货币当局以前重叠的目标，比如保证整体经济的稳定快速增长等会越来越少，这样在有各自的目标函数的情形下，货币政策的调控就是货币政策当局与金融市场各方主体进行博弈的过程，博弈的力量对比、效果都会成为关注的重点。

（四）利率市场化过程中的监管制度建设

前面提到了利率市场化改革不仅仅是利率机制的改革，还需要建立各种相关配套制度，其中一个很重要的方面就是监管制度的建设，这是由利率市场化改革的影响产生的内在需求。自从McKinnon（1973）和Shaw（1973）提出了金融抑制和金融深化理论以来，金融自由化成为世界各国的潮流，而利率市场化就是金融自由化的重要一环。但是，有关金融自由化和利率市场化产生的影响存在较大争议。总体来看，利率市场化由被压抑的负利率升至正利率，在短期内对经济的推动作用非常明显，但从长期看，作用并不明显。相关的检验主要有 Fry（1988）、Gelb（1989）、Roubini 和 Sala-i-Martin（1992）以及世界银行。但是，利率市场化也加剧了金融系统的风险积累，Kaminsky 和 Reinhart（1996）实证发现利率市场化与银行危机的发生之间存在正向显著关系。Demir-guc-Kunt（1998）分析了 50 个国家从 1980 年到 1995 年利率市场化的影响，结果是银行业危机可能发生在自由化之后的金融系统中，但不易发生在制度环境好（尊重法制，契约执行力较强）的地方。

国内的有关利率市场化的国际经验分析文献大多数也都认为，彻底的利率市场化需要一定的前提条件。江春、吴小平（2010）通过对 16 个发展中国家和经济转轨国家 24 年的数据进行分析发现，制度改革比较成功的国家，其利率市场化改革的绩效较好，而没有进行产权制度改革的国家或者产权制度改革不成功的国家，其利率市场化改革的绩效较差。江春、刘春华（2007）分析了发展中国家的利率市场化进程，发现在利率市场化进程中，需要注意保持宏观经济稳定，加强金融监管，进行产权改革等。尹继志（2011）通过分析美日的利率市场化经验，认为我国在推进利率市场化进程中，需要加强风险管理和监管改革等。李庆水（2013）也分析了美国和日本的利率市场化进程，考察了政府监管不善和银行业危机形成并蔓延的关系，认为政府不应该因为利率市场化改革而放松监管，而是需要利用有效的监管行为来约束银行行为，引导金融行业发展。肖欣荣、伍永刚（2011）分析了美国的利率市场化经验，结果发现，利率放开会造成银行的价格竞争，惨烈的竞争会淘汰许多管理不善的金融机构。

针对我国的利率市场化改革，很多人也都对可能存在的风险做过相关研究，黄金老（2001）认为利率市场化给了商业银行资金定价自主权，但也产生了利率风险。利率风险分为阶段性风险和恒久性风险。阶段性风险指的是利率放开管制的初期，商业银行不能适应市场化的利率环境所产生的风险，而恒久性风险则是指利率自身的风险，具有系统性和长期性。对于这些风险，金融监管必须考虑到，并且相关的金融监管机构自身需要调整监管方式，比如在利率市场化后，从便于管理利率风险的角度出发，中央银行的利率调整幅度需要尽快标准化。邵伏军（2004）认为利率市场化改革后，中国的利率水平会提高，并在此基础上分析了可能面临的风险。在微观层面上，商业银行会存在逆向选择风险、市场竞争风险和储蓄分流风险等。在宏观层面上，商业银行会存在金融调控风险、银行危机风险和通货膨胀风险。

许多分析表明，在利率市场化过程中和完成后，都会存在各种风险，因此，无论是在改革过程中还是在改革完成后，都需要强化监管。而监管方面的建设主要包括监管机构的改革和监管方式的转变。对监管机构而言，从对各国的利率市场化改革进行分析发现，美国在利率市场化改革完成后，出台了一系列加强监管的法律，比如 1987 年的《银行公平竞争法》（*The Competitive Equality Banking Act of 1987*）、1989 年的《金融机构改革、复兴和强化方案》（*The Financial Institutions Reforms, Recovery, and Enforcement Act of 1989*），创立了储蓄监管办公室（OTS）来监管储蓄机构，创立了资产重组托管公司（RTC）来管理破产储蓄机构，为面临破产的储蓄机构提供资金资产，提高了对存款机构收取的保险费。1991 年《联邦存款保险公司改进法案》（*The Federal Deposit Insurance Corporation Improvement Act of 1991*）规定了对陷入困境的存款机构的资金解决措施，提高了对银行储蓄机构的资本家要求，限制了经纪人存款，限制了"too big to fail"的原则，加强了美联储对在美经营的外国银行的监管。英国则在利率市场化后，成立金融服务局（FSA），独立地对金融业实行全面监管，金融服务局拥有制定金融监管法规、颁布与实施金融业准则和指引的职能。1998年，英国议会通过了《英格兰银行法》（*Bank of England Act*），赋予英格兰银行独立行使货币政策的权力。中国香港则是在利率市场化改革前的1993年，将香港外汇基金管理局与银行业监理处合并，成立香港金融管理局，负责维持货币和银行体系的稳定。而与此相对应的是，拉美国家的利率市场化改革一直缺乏有效的监管机制，最终使改革效果并不理想。在次贷危机发生以后，各国对监管又提出了新的要求，简·德阿里斯塔和斯蒂芬妮·格里菲斯－琼斯针对金融体系中存在的固有缺陷以及监管问题，提出了监管的两大原则：综合性和反周期性。所谓综合性，就是指确保监管者和受到监管的市场范围保持一致，而反周期性可以补偿资本和银行市场固有的周期性行为。我国利率市场化改革是在政府的引导下进行的渐进式改革。从国际经验并结合我国实际来看，在改革中，我国要加强相关监管法律的制定，为监管行为确定具体的职责和方式。针对利率市场化后可能出现的金融创新，需要强化监管机构的建设，避免面对新的金融创新而无法监管，进而酿成重大风险，对金融发展和经济稳定造成严重后果。

（五）利率市场化过程中的商业银行和企业变革

国企改革包含两方面——金融机构的改革和企业的改革。首先对金融机构改革进行分析。前面提到了利率市场化在刺激金融创新、促进经济增长的同时还会产生各种风险，黄金老（2001）指出利率市场化会带来阶段性风险和恒久性风险，阶段性风险主要是在利率市场化后，商业银行还来不及发展各种金融工具规避利率风险，从而产生的金融风险，具有非系统性和阶段性特征。而恒久性风险就是在利率市场化完成后，金融系统自身具有的，由于利率变化的不确定性产生的风险。利率风险是商业银行在平时运营当中需要面临的主要风险之一。可以说，利率市场化后，对商业银行的第一个重大挑战就是如何管理利率风险。管理利率风险，前提是要识别利率风险，即分析银行现有的资产负债情况承担了多大的利率风险。具体有四种基本方法：编制缺口分析报告、净持续期分析、净现值分析和动态收入模拟。对于如何管理利率风险，鼓励商业银行进行金融工具创新成为一个不错的选择。吴涛（2002）认为微观经济主体在激烈的市场竞争中规避和化解风险的能力不足，而市场化的利率会由于微观经济主体市场化程度的缺失而丧失资本配置功能。我国微观经济主体市场化程度的缺失在于预算软约束的存在，这一点在商业银行和企业当中都有体现。钟锦（2003）认为在利率市场化过程中，我国的商业银行要参照巴塞尔利率管理的核心原则，积极推进利率风险管理体系的建设，具体包括如下几点：①加强利率风险的组织建设，确立利率风险管理在资产负债管理中的核心地位；②明确利率风险管理的流程；③建立利率预测模型，完善风险计量模型；④建立合理的产品定价体系；⑤调整资产负债结构，大力发展中间业务，实行多元化经营；⑥加快金融工具的创新，发展衍生工具对冲利率风险；⑦加强信息收集，完善利率风险管理信息系统。王廷科（2003）认为利率市场化会带动银行的商业化和市场化，改变银行业的竞争方式和机制，加大了利率风险和潜在的信用风险。在这样的市场化金融环境下，商业银行要转变经营理念，实施以效益为核心的集约化经营战略；调整业务结构，实行多元化战略；与此同时，还要加强利率风险管理建设，鼓励金融创新，有效处理不良资产等。银监会利率市场化改革工作小组（2012）详细分析了利率市场化改革与商业银行风险管理。利率市场化对商业银行的影响不仅仅是利率形成机制和利率水平的改变，它将迫使商业银行改变原有的经营策略、业务结构和运营模式，最终反映为商业风险轮廓的改变。文章指出，目前在风险管理理念方面，我国的商业银行还处于防御型或者边界型风险管理模式阶段，尚未实施积极型风险管理模式。在防御型风险管理模式下，商业银行通过回避风险、放弃一定的收益来减少可能存在的损失；在边界型风险管理模式下，商业银行则是设置风险边界，并放弃边界以外的市场；而在积极型风险管理模式下，商业银行从被动接受风险转向主动选择风险实现风险和收益的最佳平衡。国外先进的商业银行在应对利率市场化时主要有以下几点经验：①推行风险偏好管理，提高风险管理的权威性；②强化中后台的风险集中管控；③加强对资金集中度风险的控制；④定期评估融资渠道和净现金需求，促进资产负债现金流的匹配；⑤深化金融创新，增加风险对冲管理工具；⑥开展风险相关性研究，并有效运用于风险管理；⑦不断完善压力测试方法和技术。另外，具体而言，面对利率市场化的机遇和挑战，德国、日本等国的商业银行都走上了转型之路。德国继续强化原有的全能银行战略，而日本则通过国内银行业的兼并、联合等方式实现转型，进行混业经营，以提高抗御风险的能力。但在进行混合经营的同时，德国、日本又实行了差异化竞争的战略，比如，德国商业银行主动从竞争能力较弱的投资银行业务当中退出，专注于强化"中等客户为主"的公司客户战略以及资产管理与零售业务相结合的个人金融战略，以突出局部竞争优势。日本的大和银行将本行的私人金融服务竞争优势定位于高龄者家庭，并根据客户的特殊要求设计出相应的产品和服务；同时还引入国际战略投资者，提高银行经营管理水平等。从上面分析可以发现，利率市场化改革不仅仅改变了利率本身，还改变了整个金融运行环境，这对商业银行而言，既是挑战，也是机遇。在这样的市场化的金融环境中，商业银行要强化风险管理理念，制定完善的风险管理机制，同时要推进金融创新工具的发展，找准定位，实行综合性和差异化竞争战略。最重要的，也是最关键的变革是改变预算软约束，变成真正的市场主体。

其次对企业改革进行分析，从目前来看，主要是融资方面的影响。利率市场化对企业融资的影响有两方面——正向影响和负向影响。正向影响主要是利率市场化后，市场化的金融环境有利于企业获得贷款，而且金融机构的创新活动也使企业拥有更多的融资工具，可以更方便地获得金融机构的服务，尤其对中小企业而言，融资难的问题有望得到解决。但是，与此相对应的是，融资变得容易了，成本上升了。中小企业贷款会变得容易，但是贷款利率也提高了，相关的各种附加费用也会提高，这是商业银行在提高利率、增加利率风险和信用风险情形下的客观要求。而且利率的放开会吸引国际游资炒作，贸易环境的变化会越来越激烈，这会对以出口为主的中小企业产生重大影响。面对这样的情形，企业需要强化风险管理意识，提高资金利用效率，同时改变银行以间接融资为主的融资模式，增加直接融资比例，尝试多元化的融资方式。

总体来看，利率市场化改革会改变整个金融运行环境，无论是商业银行还是普通企业，都需要强化风险管理意识，提高管理水平，转变经营战略，以应对可能出现的利率风险等各种风险。

（六）利率市场化中的政府职能转变

前面几部分分别分析了利率市场化后，相关的金融层面的制度建设、货币政策框架和准则、监管制度以及商业银行和企业的变化等。这些变化的发生都需要政府参与其中，也就是说，利率市场化取消了利率管制，建立了利率决定和传导的市场机制，但是这并不意味着政府的退出。政府在进行利率市场化改革中，需要转变政府职能，以应对市场化后的金融环境，更好地调控金融市场，保证金融稳定和经济运行。与利率市场化改革相伴随的是整个政府的改革。夏斌（2013）认为中国经济体制改革的核心问题是解决政府和市场的问题，而具体的"突破口"则是缩小居民收入差距和要素价格改革"两大核心"。以这"两大核心"倒逼推动四大重点内容的改革，这四项重点是土地征收制度改革、社会保障改革、财税体制改革和"国退民进"改革。利率市场化改革是要素价格改革的一部分，也是改革政府与市场关系的重要一环。毛寿龙（2004）曾经总结了以往中国政府体制改革的经验，主要是政府机构和人员的精简、各级政府职能的转变、权力的下放等，越来越重视基本的制度建设，越来越强化为市场经济服务的意识，可以说，中国政府体制改革的政府职能转变、管理方式改进、组织效率提高，适应市场化经济的需要。

（七）结论

总而言之，目前我国的利率市场化改革已经进行了十几年，取得了显著的效果。利率市场化改革不是仅仅改变利率决定和传导机制，而是要改革相应的金融制度等，建立市场化的资本配置体系和运营模式。在改革过程中，需要建立存款保险制度和银行退出机制，改变货币政策框架和调控方式，而且要建设完善的监管制度体系，增强商业银行的风险管理意识，提高商业银行的管理水平，转变商业银行的经营模式，企业也要在融资、生产方面进行相应的改革以适应市场化的金融环境。所有这些转变，最终都可以归结到政府职能转变上来，改革的实质是改变政府和市场的关系，转变政府职能，适应市场化的金融环境。将原来的管控型政府转变为服务型政府是改革的关键。

第七章 中国资产证券化改革

一 中国资产证券化历程回顾

资产证券化起源于 20 世纪 70 年代的美国，是金融创新的产物。Gadener（1991）给资产证券化的一般性定义为资产证券化是使投资者和借款者通过金融市场得以部分或全部匹配的过程或工具，将缺乏流动性的资产，转换成为在金融市场上可以自由买卖的证券，使其具有流动性。一般而言，只要能产生稳定的现金流的资产，都可以进行证券化。资产证券化分为实体资产证券化、信贷资产证券化、证券资产证券化、现金资产证券化。本文主要考察信贷资产证券化。所谓信贷资产证券化是指把流动性较差的但有未来现金流的信贷资产经过重组形成资产池，并以此为基础发行证券。银行业金融机构作为发起机构，将信贷资产信托给受托机构，由受托机构以资产支持证券的形式向投资机构发行受益证券，以该财产所产生的现金支付资产支持证券收益的结构性融资活动。

我国于 2005 年开始实行信贷资产证券化的实践，主要由中国人民银行和银监会主导。2005 年 3 月 21 日，为贯彻落实《国务院关于推进资本市场改革开放和稳定发展的若干意见》，"扩大直接融资比重，改善商业银行资产负债结构，促进金融创新"，经国务院批准，信贷资产证券化试点工作正式启动。国家开发银行和中国建设银行作为试点单位，分别进行信贷资产证券化（ABS）和住房抵押贷款证券化（MBS）的试点。由中国人民银行牵头，包括中国银监会、中国证监会、中国保监会、国家发改委、财政部、建设部、劳动保障部、国家税务总局、国务院法制办在内的十个部门组成的信贷资产证券化部际协调小组成立。随后的 4 月 20 日，中国人民银行、中国银监会联合发布了《信贷资产证券化试点管理办法》。

作为信贷资产证券化的试点单位，国家开发银行于 2005 年 12 月 15 日推出了开元 2005 年第一期信贷资产支持证券，和中国建设银行的建元 2005 年第一期个人住房抵押贷款支持证券一起构成了中国第一批资产证券化产品。开元 2005 年第一期信贷资产支持证券由中诚信托投资有限责任公司发行，分为三档，分别是优先 A 档、优先 B 档和次级档证券，其中，优先 A 档计划发行 29.24089 亿元，优先 B 档计划发行 10.025448 亿元，次级档证券计划发行 2.506362 亿元，发行方式是优先 A 档和优先 B 档采用公开招聘承销方式发行，次级档采用私募方式发行。

第一批信贷资产支持证券发行成功。在随后的 2006 年 4 月 25 日，国家开发银行推出了第二单信贷资产证券化产品——开元 2006 年第一期信贷资产支持证券。两期的发行成功之后，2007 年 4 月 7 日，国务院下达了关于信贷资产证券化扩大试点的批复文件，扩大试点正式开始。文件下达不久后的 6 月 20 日，国家开发银行就推出了第三单信贷资产证券化产品——开元 2007 年第一期信贷资产支持证券，但是发行失败。与此形成对应的是三个月之后，2007 年 9 月 12 日，浦东发展银行成功发行了浦发 2007 年第一期信贷资产支持证券。紧接着 10 月 10 日，中国工商银行成功发行了工元 2007 年第一期信贷资产支持证券。2007 年 12 月 13 日，兴业银行发行了首单证券化产品——兴元 2007 年第一期信贷资产支持证券。这些信贷资产支持证券都是以较为优良的信贷资产作为支撑的，2008 年 1 月 30 日，中国建设银行首次发行了以商业银行不良资产作为基础资产的证券化项目——2008 年第一期重整资产支持证券。2008 年 3 月 27 日，中国工商银行发行了试点开始以来单笔金额最大的一单证券化产品——工元 2008 年第一期信贷资产支持证券。在 2007 年国家开发银行第三单信贷资产支持证券发行流标之后，2008 年 4 月 28 日，国家开发银行经过重新调整，成功发行了第三单证券化产品——开元 2008 年第一期信贷资产支持证券。2008 年底，随着金融危机的爆发，监管机构出于风险担忧和审慎原则，暂停了资产证券化的审批。从 2005 年 12 月 15 日到 2008 年底，我国商业银行的信贷资产证券化产品明细如表 7-1 所示。

表 7-1　我国商业银行信贷资产证券化产品明细
(2005 年 12 月 15 日至 2008 年)

单位：亿元

商业银行	类型	发行时间	发行总额
建行	个人住房抵押贷款	2005-12-15	30.18
国开	企业贷款（正常类、关注类）	2005-12-15	41.78
国开	企业贷款（正常类、关注类）	2006-04-25	57.30
浦发	企业贷款（正常类）	2007-09-12	43.83
工行	企业贷款（正常类）	2007-10-10	40.21
建行	个人住房抵押贷款	2007-12-11	41.60
兴业	企业贷款（正常类）	2007-12-13	52.43
建行	不良贷款	2008-01-30	27.65
工行	企业贷款（正常类）	2008-03-27	80.11
国开	企业贷款（正常类、关注类）	2008-04-28	37.66
中信	企业贷款（正常类）	2008-10-08	40.77

续表

商业银行	类型	发行时间	发行总额
招行	企业贷款（正常类）	2008-10-28	40.92
浙商	中小企业贷款（正常类）	2008-11-12	6.96

资料来源：iFinD、国泰君安证券研究。

2012年5月，中国人民银行、中国银监会、财政部三部门联合下发了《关于进一步扩大信贷资产证券化试点有关事项的通知》（银发〔2012〕127号），信贷资产证券化试点重启。国开行、交通银行、中国银行、上汽通用、上汽财务、工商银行相继发行了228.54亿元的证券化产品。

表7-2 2012年信贷资产证券化重启后的发行情况

单位：亿元

发行日期	发起机构	受托机构	债券	发行规模	外部评级	中债资信评级
2012-09-07	国开行	中信信托	优先A-1档	13.30	AAA	AAA
			优先A-2档	15.50	AAA	AAA
			优先A-3档	22.80	AAA	AAA
			优先A-4档	29.08	AAA	AAA
			优先B档	12.00	AA	AA-
			次级档	8.98	-	-
2012-10-26	上汽通用	中粮信托	优先A档	16.51	AAA	AAA
			优先B档	2.49	A	A
			次级档	1.00	-	-
2012-10-31	交通银行	中海信托	优先A-1档	8.50	AAA	AAA
			优先A-2档	16.10	AAA	AAA
			优先B档	3.10	A+	A-
			次级档	2.64	-	-
2010-11-26	中国银行	中银国际证券	优先A-1档	15.00	AAA	AAA
			优先A-2档	10.13	AAA	AAA
			优先B档	2.87	A	A-
			次级档	2.62	-	-

续表

发行日期	发起机构	受托机构	债券	发行规模	外部评级	中债资信评级
2012 - 11 - 27	上汽财务	上海国际信托	优先 A 档 优先 B 档 次级档	8.36 1.14 0.50	AAA A -	AAA A -
2013 - 03 - 27	工商银行	中海信托	优先 A 档 优先 B 档 次级档	30.40 1.70 3.82	AAA AA -	AAA AA - -
2013 - 08 - 26	中国进出口银行	中信信托	优先 A 档 优先 B 档 次级档	8.32 0.83 1.24	AAA A + -	AA + BB + -
2013 - 09 - 25	中国农业发展银行	中信信托	优先 A 档 优先 B 档 次级档	9.45 1.00 1.40	AAA AA - -	AA + A - -

资料来源：中债资信。

根据光大证券整理的材料如表 7 - 3 和表 7 - 4 所示。

表 7 - 3　我国银行信贷资产证券化产品构成（按产品个数）

单位：%

企业类型	普通企业	个人贷款	不良贷款	小微企业
占比	50	22	22	6

表 7 - 4　我国银行信贷资产证券化产品构成（按发行金额）

单位：%

企业类型	普通企业	个人贷款	不良贷款	小微企业
占比	69	19	11	1

资料来源：光大证券。

二　试点的经验、教训和启示

从 2005 年 12 月 15 日首批试点的国家开发银行的 "开元

2005 – 1 信贷资产支持证券"和中国建设银行的"建元 2005 – 1 个人住房抵押贷款信托",到最近的 2013 年 9 月 25 日中国农业发展银行通过中国人民银行债券发行系统招标发行"2013 年第一期发元信贷资产支持证券",中间经历了 2008 年底的暂停审批、2012 年的重启,前前后后有 8 年时间,存在不少经验和教训。整理这 8 年的历程,会给我们带来不少启示。

虽然前前后后经历了 8 年时间,但目前我国的银行信贷资产证券化依然处于试点阶段。截至 2013 年 6 月末,我国信贷资产证券化的规模也只有 896 亿元左右,占同期人民币贷款余额的不到 0.2%,远远低于美国 60% 的水平。对中国银行体系及其庞大的信贷资产存量而言,规模依然较小。根据中国目前的数据,截至 2013 年 6 月末,我国金融机构人民币贷款余额已达 68 万亿元,其中中长期贷款 37.88 万亿元。根据中信建投等券商的研究报告,未来信贷资产证券化可能会分为两个阶段,第一阶段为放开房地产贷款以外的其他中长期贷款,截至 2013 年 6 月末,房地产贷款为 13.56 万亿元,扣除中长期贷款后的贷款余额约为 24.32 万亿元。这是短期内信贷资产证券化的空间。

对中国的资产证券化而言,监管部门是中国银监会、中国银行间市场交易商协会和中国证监会。三类机构监管的是不同品种的资产证券化,其中中国银监会主要监管信贷资产证券化,中国银行间市场交易商协会主要监管资产支持票据业务,证监会主管证券公司资产证券化。具体的对比如表 7 – 5 所示。

表 7 – 5 三种资产证券化业务比较

	银行信贷资产证券化	资产支持票据	证券公司资产证券化
主管部门	中国银监会、中国人民银行	中国银行间市场交易商协会	中国证监会
审核方式	审批制	注册制	审批制

续表

	银行信贷资产证券化	资产支持票据	证券公司资产证券化
模式选择	信托为 SPV 载体	抵质押模式，不隔离	证券公司等设立专项资产管理计划为 SPV 载体
基础资产	个人住房抵押贷款、基础设施建设贷款、地方政府融资平台贷款、涉农贷款、中小企业贷款、汽车贷款等	公用事业未来收益权、政府回购应收款等	高速公路收费权、公用事业未来收益权、融资租赁应收款等
相关条例	《信贷资产证券化试点管理办法》	《银行间债券市场非金融企业资产支持票据指引》	《证券公司资产证券化业务管理规定》
流通场所	银行间市场	银行间市场	交易所市场、协会报价系统、券商柜台
适用对象	银行业金融机构	非金融企业	公用事业单位、高速公路、BT、融资租赁公司等

在我国的社会融资结构中，以银行贷款为代表的直接融资是社会的最主要的融资方式。在 2008 年金融危机以后，信托、债券等新型的融资方式的规模才逐渐增加，人民币贷款比例从 2002 年的 92% 下降到 2012 年的 52%，但是相比于其他国家，我国的银行贷款比例仍然很大。而且国外的信贷资产证券化主要是银行迫于资金的流动性压力或处理不良贷款的需要，而中国进行信贷资产证券化的银行并不是因为缺乏流动性或者处理不良资产，恰恰相反，中国的银行业进行信贷资产证券化的基础资产基本上是相对较好的优良资产。

对于发起人而言，我国也与国外有所不同。根据中国银监会颁布的《金融机构信贷资产证券化监督管理办法》，合格的发起人则是中国银监会监管下的金融机构，比如商业银行、政策性银行、信托投资公司、金融公司、城市信用社、农村信用社以及管理活动受中国银监会监督的其他金融机构，并未涉及在其他国家也很活跃的租赁公司、公共事业公司和非银行政府机构。不过在最近新出台的《关于进一步扩大信贷资产证券化试点有关事项的通知》中，发起机构范围有所扩大。中国人民银行颁布的《信贷资产证券化试点管理办法》中出现了资金保管机构这一专门保管资金的角色，其职能是从传统资产证券化的受托人职能中剥离出来的，也是作为我国特殊环境下的特设产物。

对应的合格资产是金融机构发起的信贷资产，可操作的交易结构是设立符合当前中国法律破产隔离要求的特殊目的信托，参照美国实行表外处理模式，交易平台是银行间债券市场，登记机构是中央国债登记结算有限责任公司。资产支持证券的合格投资者主要是机构投资者。

但是在 2012 年 5 月 17 日，中国银监会、央行和财政部联合颁布的《关于进一步扩大信贷资产证券化有关事项的通知》中对信贷资产证券化提出了新的要求。与以往相比，基础资产种类要进一步扩大，比如，重大基础设施项目贷款、涉农贷款、中小企业贷款、经清理合规的地方政府融资平台贷款、节能减排贷款、战略性新兴产业贷款、文化创意产业贷款、保障性安居工程贷款、汽车贷款等。对于发起机构来说，要持有每一单资产证券化产品中最低档资产支持证券的至少5%，且持有期限不得低于最低档次证券的续存期限。此外，为了对评级机构形成声誉约束，资产支持证券在全国银行间债券市场发行与交易初始评级应当聘请两家具有评级资质的资信评级机构，将不同评级机构的结果进行相互校验。与以往不同的还有市场参与主体范围进一步扩大，原来不能参与资产证券的保险公司、证券投资基金、企业年金、全国社保基金等合规的非银行机构投资者也能够投资资产支持证券。但是新的规定存在一些值得商榷的地方，比如，信贷资产证券化的目的是要将风险和收益都转移给投资者，采取的是表外操作模式，但是现在要求发起机构既必须做次级，又要管理贷款，资产不能进行有效的转让，资产证券化目的就丧失了一大半。

在责任承担方面，根据《金融机构信贷资产证券化监督管理办法》规定，资产支持证券仅代表特定目的信托受益权的相应份额，不是受托机构的负债，受托机构以信托资产为限承担责任。

对我国而言，信贷资产证券化具有积极的意义和作用。通过资产证券化方式，可以改变银行的期限错配，增加了银行资产的流动性，降低了融资成本，提高了银行资产的周转效率，可以有效缓解商业银行的流动性风险。从宏观层面分析，信贷资产证券化的发展有利于推动我国资本市场的现代化、规范化发展，推进我国投融资体制改革，促进经济结构调整。具体分析有以下四点。第一，资产证券化拓展完善了传统型银行功能。信贷资产证券化最主要的功能在于将流动性较低的信贷资产通过证券化的形式转化为流动性高的资产，有效解决了资产负债期限结构不匹配问题。第二，促进金融脱媒，提高金融效率。银行将商业贷款以证券化的形式投放到金融市场上，促进了整个资本的流动。而监督功能由信用评级机构和其他中介机构完成，从而简化了银行的功能，促进了金融分工，降低了交易成本，提高了金融效率。第三，有利于推动资本市场的发展，资产证券化打破了银行、证券等金融机构之间的隔阂，增强了国内金融市场的竞争力，促进了国内金融业由分业经营向混业经营转化。第四，提高了其他参与者的金融效率。信贷资产证券化对银行、投资者、借款人提供了不同的、有利的商业机会。

但是，信贷资产证券化过程也存在一些问题和教训。第一，我国的证券市场基础薄弱。虽然从20世纪90年代初建立证券交易所到现在已经有20多年的历史，但是依然存在许多不完善的地方，比如，发行市场提供的交易工具单一，流通市场发展不规范，价格发现、风险管理功能并没有得到很好的发挥。而且中国的债券市场缺乏流动性，这不利于信贷资产证券化市场的发展壮大。第二，目前我国的金融市场化程度过低，金融市场的定价机制不健全。第三，在投资者方面，我国的信贷资产证券化过程中，没有较为庞大的机构投资者群体，而一个规模庞大的且能够提供稳定、持续、大量现金流的投资者对信贷资产证券化至关重要。第四，制度问题。与其他国家相比，在信贷资产证券化涉及的会计制度和税收制度方面，我国仍然存在较大的进步空间。作为信贷资产证券化最主要的中介，特殊目的机构（SPV）在我国目前只能是信托，并不能成为独立的特殊目的机构。这是因为在我国的法律当中，并没有对 SPV 的地位、性质、行为能力、证券化资产的组合、收益的分配、证券化资产的破产条件、监管部门等做出明确规定。在信贷资产证券化过程中，有一个重要的环节是信用增级，在我国却缺乏被市场投资者普遍接受和认可的信用评级机构。由于证券的组合是各类信贷资产，投资者由于自身条件限制和信息不对称，很难对证券的风险做出合理评估，需要参照评级机构的评级。可以说，信用评级机构以及相应的信用评级规则体系在资产证券化的信用增级以及交易过程中发挥着重要作用，是资产证券化市场健康发展必需的。但是目前投资者对信用评级机构和评级规则并不是普遍接受和认可。2012 年 5 月 17 日，中国银监会、央行和财政部联合颁布的《关于进一步扩大信贷资产证券化有关事项的通知》中要求资产支持证券在全国银行间债券市场发行与交易初始评级应当聘请两家具有评级资质的资信评级机构，将不同评级机构的结果进行相互校验。这也从侧面反映出中国并没有权威的或者被市场投资者普遍接受和认可的信用评级机构。第五，相应的监管制度。从 2005 年信贷资产证券化开始试点到 2008 年暂停试点，再到 2012 年的重启，8 年的时间里，有关资产证券化的市场准入、市场退出、经营范围、市场行为规则、财务监管、风险控制、监管主体等方面的规则都不太健全。前面还提到了有关证券发行机构 SPV 的设立、资产证券化相应的信用评级、信用增级、会计准则、税务处理等方面，虽然有一些法律法规，但配套程度太低，并不足以应对快速发展的资产证券化。

三　信贷资产证券化的政策规定、操作流程、操作要点

前面提到过资产证券化是以特定资产组合或特定现金流为支持，发行可交易证券的一种融资形式。传统的证券发行是以企业为基础的，而资产证券化则是以特定的资产池为基础发行证券。在资产证券化过程中发行的以资产池为基础的证券就称为证券化产品。资产证券化是指将缺乏流动性的资产，转换为在金融市场上可以自由买卖的证券的行为，使其具有流动性。广义的资产证券化是指某一资产或资产组合采取证券资产这一价值形态的资产运营方式，主要包含四类。第一，实体资产证券化，即实体资产向证券资产的转换，是以实物资产和无形资产为基础发行证券并上市的过程。第二，信贷资产证券化，是指把欠流动性但有未来现金流的信贷资产经过重组形成资产池，并以此为基础发行证券。第三，证券资产证券化，是指将证券或证券组合作为基础资产，再以其产生的现金流或与现金流相关的变量为基础发行证券。第四，现金资产证券化，是指现金的持有者通过投资将现金转化成证券的过程。而狭义的资产证券化则仅仅指信贷资产证券化。

信贷资产证券化作为一种新型的金融创新工具，有其基本的运作原理，具体表现在风险隔离原理、资产重组原理、未来预期现金流分析和信用增级原理。风险隔离原理是指在信贷资产证券

化过程中，银行通过将基础资产（指银行资产支持证券的基础资产）与其他资产相隔离，从而达到提高资本运营效率、增加资产证券化参与各方收益的目的。资产重组原理是指资产的所有者或支配者对其拥有的资产进行重新配置和组合，从而实现发行证券的目标。未来预期现金流原理方面，信贷资产证券化的关键就在于可预期的现金流，以可预期的未来现金流为支持发行证券进行融资是信贷资产证券化的主要运行方式。信用增级原理是指在银行进行证券化的过程中，通过各种信用增级方式来保证和提高整个证券资产的信用级别，从而达到吸引更多投资者并降低发行成本的目的。

国际上资产证券化的模式主要有三种：一是以美国为代表的表外业务模式，即在银行外部设立特殊目的机构，用以收购银行资产，实现资产的真实出售；二是以德国等欧洲国家为代表的表内业务模式，即在银行内部设立特定机构运作证券化业务，资产所有权仍归属银行，保留在资产负债表中；三是以澳大利亚为代表的准表外模式，即由原权益人成立全资或控股子公司作为特殊目的机构，子公司通过购买母公司或其他公司资产组建资产池发行证券。我国从 2005 年启动信贷资产证券化至今，主要借鉴以美国为代表的表外业务模式。但是与美国还是稍有区别的，特殊目的机构可以细分为特殊目的公司（SPC）和特殊目的信托（SPT），特殊目的公司是将基础资产"出售"给受托机构，特殊目的信托是将基础资产"信托"给受托机构。中国目前的特殊目的机构主要是特殊目的信托，这与中国的现行法律规则和会计制度有关。有关特殊目的机构建立的法律主要有《公司法》、《信托法》以及《金融机构信贷资产证券化试点监督管理办法》。美国和日本的资产证券化制度发展历程显示，如果期望制度健全且市场能够蓬勃发展，政府在制度中扮演的角色必须拿捏得当，不要对市场限制过多，不应介入市场本身的竞争秩序，在法制构建上必须提供多元选择及完善的配套措施，使市场能够顺应发展选择有利的发展模式，进而奠定市场发展的基础，使资产证券化市场能够达到预期目标。

但是 2008 年次贷危机的发生也对美国的资产证券化提出了警醒。美国是全球最大的资产证券化市场，有 70% 以上的全球资产证券化产品来自美国。20 世纪 70 年代末 80 年代初，美国进行了利率市场化改革，颁布了《废止对存款机构管制与货币控制法》《解除存款机构管制与货币管理法》，制定了解除对商业银行的存贷款利率进行严格限制的 Q 条例①的具体步骤。在利率市场化改革中，金融机构通过金融创新开展了许多新业务，但是有些金融机构由于发展太快，出现了经营问题，大量储蓄机构破产，造成联邦储蓄贷款保险公司资不抵债，整个储蓄行业处于危机中。与此同时，商业银行遇到的主要困难是资金成本过高，从而在与非银行金融机构的竞争中处于劣势。在这样的困局中，资产证券化可以减轻储蓄机构和商业银行遇到的困难。对储蓄机构来说，通过证券化，可以把其所发放的房产抵押贷款出售，用所得到的资金进行短期投资，从而解决了资产负债期限不匹配的问题。而对商业银行来说，通过证券化，可以把其所发售的贷款出售，有效地与非银行金融机构竞争，在贷款业务中仍可以占据优势地位。从 1981 年起，住房抵押贷款证券化速度加快，用以帮助储蓄机构盘活低流动性资产。主要投资者为房地美（联邦国民抵押贷款协会 Fannie Mae）、房利美（联邦住房抵押贷款公司 Freddie Mac）和政

---

① Q 条例是美国 20 世纪 30 年代大危机后出台的《格拉斯 – 斯蒂格尔法》中的第 Q 项条款，目的是对商业银行的存贷款利率进行严格限制，禁止商业银行对活期存款支付利息，对定期存款和储蓄存款则设定利率上限。有些州政府还据此规定了贷款利率的上限。

府抵押贷款协会。1985 年以后，其他资产支持证券业开始发行，比如基于信用卡、汽车贷款、学生贷款等各类贷款的资产支持证券。1993 年又出现了以住房抵押贷款支持证券和资产支持证券的现金流为抵押品的再证券化产品——抵押债券凭证（CDO）。之后各类证券化的创新开始出现，到 2005 年底，美国金融资产证券市场流通在外的金额高达 7.9 万亿美元，占美国整体债券市场的31.23%。证券化的特殊运营模式在增加商业银行的流动性、刺激社会需求、提高经济增长以外，也带来了一些不良影响。以次级抵押贷款为基础资产的证券化产品注定是脆弱的，尤其是在动荡的经济形势下。到 2008 年，次级贷款，尤其是次级住房贷款的违约大面积出现，极大地影响了证券化的运作，并且成为引发次贷危机的重要原因。这也警示我们要慎重对待资产证券化，尤其是慎重选择基础资产以及相关的监管手段。

在立法方面，美国没有针对资产证券化的专门立法，但是散落在联邦和州的不同层面法规中的各种规范在资产证券化过程的各个环节始终如一地体现其证券化的基本精神，再以英美法系特有的判例法灵活地适应市场的变化和多样化的需求，从而保持资产证券化法制体系的完整性和有效性。而日本是大陆法系国家，参照美国的资产证券化的立法情况，制定了整套的资产证券化方面的专门立法。

美日证券市场的发展对中国资产证券化发展的启示如下：放松管制，促进资产证券化市场的发展；鼓励创新，推动资产证券化品种的多样性；一步到位，制定完整的资产证券化法律体系；建立完备的资产证券化会计制度；完善资产证券化相关信息披露要求。

根据美国、日本等国的资产证券化的经验和启示，结合我国特殊的金融制度环境以及经济条件，从 2005 年开始进行信贷资产

证券化试点以来，我国就制定了相应的试点法律法规，整理如表
7-6 所示。

表 7-6 资产证券化相关试点法规

序号	发布时间	发起人	名称
1	2005-01-05	财政部	《信托业务会计核算办法》
2	2005-04-20	央行、中国银监会	《信贷资产证券化试点管理办法》
3	2005-05-16	建设部	《关于个人住房抵押贷款证券化涉及的抵押权变更登记有关问题的试行通知》
4	2005-06-01	财政部	《信贷资产证券化试点会计处理规定》
5	2005-06-13	央行	《资产支持证券信息披露规则》
6	2005-06-15	央行	《资产支持证券在银行间债券市场的登记、托管、交易和结算等有关事项公告》
7	2005-08-01	银行间同业拆借中心	《资产支持证券交易操作规则》
8	2005-08-15	中央国债登记结算管理公司	《资产支持证券发行登记与托管结算业务操作规则》
9	2005-11-07	中国银监会	《金融机构信贷资产证券化试点监督管理办法》
10	2006-02-10	财政部、国家税务总局	《关于信贷资产证券化有关税收问题的通知》
11	2006-02-15	财政部	《企业会计准则第22号——金融工具确认和计量》
12	2006-02-15	财政部	《企业会计准则第23号——金融资产转移》
	2006-02-20	财政部、国家国税总局	《关于信贷资产证券化有关税收政策问题的通知》
13	2006-03-19	央行	《中国人民银行信用评级管理指导意见》
14	2006-05-16	财政部	《信贷资产证券化试点会计处理规定》
15	2007-08-21	央行	《关于信贷资产证券化基础资产池信息披露有关事项公告》
16	2007-09-30	央行	《资产支持证券在全国银行间债券市场进行质押式回购交易的有关事项》

续表

序号	发布时间	发起人	名称
17	2008 - 02 - 04	中国银监会	《关于进一步加强信贷资产证券化业务管理工作的通知》
18	2009 - 12 - 23	中国银监会	《商业银行资产证券暗黑风险暴露监管资本计量指引》
19	2010 - 12 - 13	中国银监会	《关于进一步规范银行业金融机构信贷资产转让业务的通知》
20	2012 - 05 - 17	央行、中国银监会、财政部	《关于进一步扩大信贷资产证券化试点有关事项的通知》
21	2013 - 03 - 15	中国证监会	《证券公司资产证券化业务管理规定》

资料来源：根据相关法律文件整理。

我国信贷资产证券化的运作模式是在美国的资产证券化基础上，结合目前中国金融市场现状形成的比较有特色的运作模式。

中国的信贷资产证券化运作模式如图 7 -1 所示。

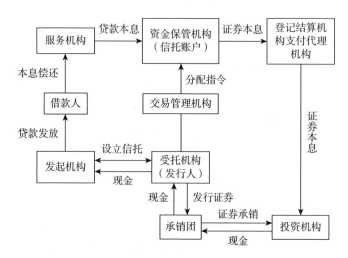

图 7 -1   中国的信贷资产证券化运作模式

中国的信贷资产证券化首先由发行人汇集信贷资产，规划资产证券化蓝图，然后组建发起机构，成立特殊目的机构，一般是特殊目的信托，转让资产，实现真实销售。设计并完善证券化交易结构，进行资产内部评级，然后进行信用增级和打包后的证券评级，安排证券发行和销售。特殊目的机构获得证券发行收入，向发起人支付资产购买价款，管理证券化资产，到期偿付证券权益，支付相关聘用机构的费用，处理资产收益余值。在操作过程当中，主要有债务人、原始权益人、特殊目的机构、服务机构、信用增级提供人、信用评级机构、证券商品的投资者以及相关的律师事务所、会计师事务所等中介机构。其中最为关键的是特殊目的机构的设立。特殊目的机构从原始权益人受让基础资产，以此为基础向投资者发行收益凭证或证券，主要是为了达到将资产的风险与原始权益人隔离的目的和税收方面的考虑。按照国际经验，特殊目的机构的形式主要有公司制、合伙制和信托制。囿于我国的法律法规，目前我国的特殊目的机构主要是信托公司，采取的是特殊目的信托形式。

前面我们已经提到 2012 年我国重启信贷资产证券化试点，而且最近中国人民银行召开进一步扩大信贷资产证券化试点的工作会议，督促各参会银行申报信贷资产证券化试点方案以及发行额度，结合国务院李克强总理提出的金融领域"用好增量、盘活存量"的要求，以及目前中国银行业庞大的房地产贷款以及中长期贷款余额，可以预期的是，信贷资产证券化将担负起"盘活存量"的重要任务，国家将会进一步推动相关方面的建设和改革。

四　资产证券化的效应分析

（一）引言

资产证券化起源于 20 世纪 70 年代的美国，是金融创新的产物。"只要有稳定的现金流，就考虑把它证券化"，这句话充分反映了资产证券化的本质。资产证券化分为实体资产证券化、信贷资产证券化、证券资产证券化、现金资产证券化。中国在资产证券化方面起步较晚，一直到 2005 年才开始进行信贷资产证券化的试点，但是到 2008 年，受美国次贷危机的影响，暂停了信贷资产证券化，这期间总共发行了 13 单信贷资产证券化产品，额度高达540 多亿元。到 2012 年 5 月，中国人民银行、中国银监会、财政部三部门联合下发了《关于进一步扩大信贷资产证券化试点有关事项的通知》（银发〔2012〕127 号），信贷资产证券化试点重启。目前，信贷资产证券化已经成为中国金融创新的一个典型代表，现在对资产证券化的相关理论进行分析。

（二）资产证券化的含义

什么是资产证券化，为什么会有资产证券化？资产证券化是美国 20 世纪 70 年代的一种金融创新产品，简单地说，资产证券化就是出售未来可回收的现金流从而获得融资，通过卖未来的钱，换取现在的钱。

与发行债券、股票等进行融资方式不同，资产证券化具有以下五个明显的特点，第一，资产证券化是通过特设机构（特殊目的实体 SPV）发行的，这是资产证券化最重要的特征。特殊目的实体是一个具有信托性质的实体，其设立的目的是从资产出售方（发起人）购买可回收的现金流（即基础资产），购买资金来源于向投资者发行的受益权证，也就是资产支持证券，而该种证券的偿还，包括本金和利息所需的现金则来源于购买的基础资产。而通过证券筹集的资金也仅仅用来购买基础资产。这种特殊的资产负债结构决定了特殊目的实体的破产隔离性质，即如果基础资产的发起人出现破产情况，不能用特殊目的实体的资产来清偿债务。第二，会计处理。资产证券化产品在基础资产发起人的会计处理上是资产出售，而不是债务融资。这种财务处理方式是一种较为有效的资产负债管理方法。第三，维护服务。在资产证券化的交易中，一般情况下，出售人需要维护出售的基础资产，以保证基础资产的未来现金流。这点与公司发行债券截然不同。区别在于偿还方式，债券是来源于发行人的利润，而资产证券化是来源于基础资产的现金流。第四，基础资产的信用是资产证券化运行的关键。基础资产的信用级别在不同的经济条件下会发生变化。第五，信用增级。基础资产的信用有时候不足以单独支持发行资产证券化产品，这个时候要进行信用增级，具体有四种方法：自我保险、母公司信用担保、担保债券和信用证。

（三）资产证券化的动因

对于资产证券化的动因，张超英（2003）曾经总结了如下七种假说。①监督技术假说（Monitoring Technology Hypothesis），认为信息生产技术的进步会降低监督成本，这样会衍生出非中介化，亦即证券化。②管制税假说（Regulatory Tax Hypothesis），管制税是指包括存款准备金率、存款保险费率等相关因素在内的一个综合概念，如果资产负债表上的资产和负债成为管制税的对象，那么为了合理规避税费，银行有进行表外化的倾向，证券化就成为一种选择。③担保假说（Collateralization Hypothesis），Benveniste和Berger（1986，1987）指出，通过进行证券化使风险从风险回避型投资者向风险中性投资者转移，实现帕累托改善。④道德风险假设（Moral Hazard Hypothesis），Benveniste和Berger（1986）认为固定的存款保险费率可以引发道德风险，促进了证券化。存款保险费率固定会激励银行偏好风险，促进金融创新，为了增加融资，会选择资产进行证券化。⑤市场原理假说（Market Principles Hypothesis）认为证券化由财务较好的银行进行，以表外化为目的，银行通过证券化的操作可以转移风险。⑥流动性假说（Liquidity hypothesis），银行的流动性风险大小可以由银行的证券化能力来体现，证券化能力强的银行，流动性风险就低。⑦比较优势假说

（Comparative Advantage Hypothesis），从不同类型的金融中介机构具有不同的比较优势来对证券化进行说明。从资产证券化的定义和动因可以发现，资产证券化本质上是一种新型融资方式。相比传统融资方式，资产证券化是一种表外融资的方式，而由于资产证券化产品的结构设计，该部分证券化的资产与原始权益人的其他资产是"破产隔离"的，风险不包括原始权益人的其他信用风险和市场风险，仅仅与证券化的资产的风险有关。而且在交易的过程中，"信用增级"是一个必不可少的环节，增加了资产支持证券的信用水平，提高了融资能力。

（四）资产证券化的作用

作为一种新型的融资方式，资产证券化对融资者而言具有重要的作用，我们从正面影响和负面影响两方面来进行分析。首先分析正面影响。资产证券化作为一种金融创新模式，从20世纪70年诞生开始就在金融舞台上发挥着重要作用，并且成为全球金融发展的潮流。资产证券化之所以能够得到如此迅速的发展，根本原因在于资产证券化能够为参与的各方带来丰厚的利益，具体从发起人、投资人和金融市场三个方面进行分析。

从发起人的角度来看，第一，资产证券化可以盘活融资者的资产，利用资本市场将固定的基础资产转换为现金流，提高了融资能力。众所周知，资产的流动性是指资产变现的能力，资产证券化的最基本的特征就是可以将流动性较低的资产通过特殊目的机构进行折现，获得具有高流动性的现金。第二，资产证券化是一种表外融资方式，由于资产证券化产品的特殊设计，风险仅仅与证券化的资产本身的风险有关，不涉及融资者自身的其他信用风险，信用增级的存在会提高资产的信用水平，降低融资成本。第三，资产证券化可以帮助融资者利用资本市场处置资产，提高融资者的流动性，调整资产结构。与此同时，提升了融资者资产负债的管理能力，优化了财务状况。第四，降低融资成本。传统的融资方式，不管是债券、贷款还是股票都与企业整体的信用和经营情况有关，而资产证券化融资方式则是一种资产支持证券，融资的基础是基础资产。对投资者而言，只需要考察基础资产的质量，这就大大降低了融资过程中的各种成本。

从投资人的角度来看，资产证券化也具有重要的正面影响。第一，丰富了金融市场上的投资品种，资产证券化产品根据投资者对风险、收益和期限等的不同偏好，设计出不同种类、不同档级的资产组合，为投资者提供了风险和收益多样化的产品品种。多样化产品的存在有助于投资者分散风险，提高整体收益水平。第二，资产证券化产品严密的资产组合、完善的信用增级的特征对在投资市场上存在诸多限制的机构投资者而言，是种较为理想的选择。

从整个金融市场来看，资产证券化有利于整个金融市场的资本实现有效配置，与此同时，还分散了金融市场的潜在风险。具体而言，第一，资产证券化为融资者和投资者提供了一种可行的、低成本的交易方式。资产证券化以基础资产本身的质量为基础，并且进行资产组合、信用增级等，简化了融资者和投资者之间的交流，降低了整个经济体的融资成本，有利于经济的发展。第二，资产证券化产品在降低融资成本的同时，还优化了资本的配置。这是由资产证券化的基本功能决定的。资产证券化的本质是将具有低流动性的基础资产通过特殊目的机构，进行资产组合，折价成现金流。第三，资产证券化有利于金融市场上参与者的分工。通过资产证券化，每个参与者都可以根据自己的优势寻求合适的金融产品。第四，资产证券化可以提高金融系统的安全性。资产证券化通过资产组合、信用增级等手段分散了风险。比如，银行通过信贷资产证券化可以将累积的有风险的资产折价出去，将资产的风险分摊到整个金融市场，有利于规避风险。

虽然资产证券化有这些功能，但是要发挥这些功能还是需要成功的资产证券化，根据扈企平（2007）的研究，一个成功的资产证券化需要八个因素：健全的法律体制、精确的现金流分析、谨慎的会计处理、有公信力的信用评估、全面性的投资银行、完善的国债市场、活跃的二级市场、多样化的投资者。

虽然资产证券化可以提高融资者的融资效率，有利于资本市场配置资源，增加经济中的流动性，但是作为一种金融创新，资产证券化是一把"双刃剑"，一方面可以促进资本流动，有利于资本的配置；但另一方面也存在一些负面效应，而这些负面效应主要体现在对金融稳定的影响上面。资产证券化增加了整个金融系统的流动性，资产证券化的产品设计使发起人分散了风险，提高了自身的收益。在这样的情形下，整个金融系统会出现过度创新的情形，不断增加流动性。而投资者由于资产组合和信用增级的存在，也会青睐资产证券化投资。资产证券化投资所需要的资质的特殊性使资产证券化主要吸引机构投资者。特殊的资本配置功能会让机构投资者经过一定的时间之后，出现违规和投机现象，这会加剧整个金融系统的不稳定性。对整个金融系统而言，扩张的流动性在短期内可以促进系统的繁荣，并且资产证券化产品的设计可以有效分散风险。但是分散风险不等于消除风险，在一定的时间和范围内，风险会逐渐发酵，而且融资者和投资者由于利益的驱使和分散风险的诱导，会出现不同程度的投机行为。下面将对资产证券化对金融稳定的影响，进行文献梳理。

（五）资产证券化与金融稳定

前面已经提到了，资产证券化由于具有增加流动性、有利于资本配置、分散风险等功能，成为当今全球金融市场的潮流，但是由于过度的金融创新、扩张的流动性等，对整个金融体系还是会存在负向效应。李佳、王晓（2010）梳理了资产证券化对金融稳定的影响，国外学者主要从三方面研究了资产证券化对金融稳定的影响：一是资产证券化对资产均衡价格的影响；二是资产证券化对流动性的影响；三是资产证券化的风险转移和扩散机制。Citanna、Kajii 和 Villanneci（1998）发现资产证券化的不断创新可以使金融机构更深入地参与金融市场，资产证券化可以被用作控制资产价格波动的工具，从而提高金融体系的稳定性。Mayhew（2000）认为资产证券化等金融创新产品可以稳定资产均衡价格。Aninat（2002）通过使用资产证券化等金融创新工具转移风险，维护金融体系的稳定。Geithner（2006）发现资产证券化导致了资产价格的泡沫和风险的累积。Bervas（2008）认为大部分金融机构可以通过资产证券化来满足流动性需求，从而使内生流动性不断增加。Gai 等（2009）认为资产证券化导致市场中积累了大量的风险和资产价格泡沫，因此一旦泡沫崩溃，潜在的风险就会释放，系统性危机就会爆发。BIS（2008）认为资产证券化创造流动性的功能会在金融动荡期间产生信用骤停，从而造成流动性不足，加剧金融不稳定的变动。资产证券化有一个重要的功能就是风险转移功能。Barrett 和 Ewan（2006）认为银行通过证券化将风险转移到新型金融机构，但是这些机构的风险承担能力不同，而且很难对风险有明确评估，从而导致风险分布不透明。

在资产证券化发展的初始阶段，金融体系会趋于稳定，并促使资源配置效率的提高，随着资产证券化的不断发展，基本功能的滥用将导致资产价格泡沫和内生流动性扩张，此时的金融体系虽然处于稳定状态，但是引致不稳定的因素的影响不断增加。在资产价格上涨阶段，为了防止资产价格泡沫向通货膨胀传导，央行将采取各种政策应对泡沫，在这种情况下，资产证券化的基础资产的价格就会存在较大波动，基础资产的变化会造成整个信用链发生动荡，这样就出现了金融不稳定。随着基础资产价格的不断减值，结合资产证券化的功能，市场流动性会不断恶化，风险累积会越来越严重，直至出现金融危机。从这里可以看出资产证券化对金融发展的影响随着时间的变化而有所不同，在初始阶段，资产证券化有助于金融资源的有效配置，转移系统性风险，但是风险仅仅是被转移了，由于金融机构的风险承担能力有所不同，风险披露机制并不透明，在风险转移过程中又积累了一些风险，此外还引发了金融机构的道德风险，综合作用产生资产价格泡沫，随着泡沫的积累，央行或者某些市场行为都会引发基础资产价格发生急剧波动，在初始冲击为负的情况下，资产证券化又扩大了这些负面影响，并传播到整个金融系统。也就是说，资产证券化就是一把"双刃剑"，在初始影响为正的情况下，会对经济增长有极强的正向效应，但是会累积风险，当风险积累到一定程度，资产证券化的功能就会使原来极强的正向效应反转成极强的负向效应，造成金融不稳定，甚至会导致金融危机。

（六）结论

综合前面的分析，可以发现，资产证券化是把"双刃剑"，一方面，资产证券化可以提高资本的配置效率，增加金融系统的流动性，分散金融风险，促进整个金融系统的发展。另一方面，资产证券化的分散风险是将风险在时间和主体之间进行转移，并没有消除风险。随着资产证券化的发展，风险转移会越来越频繁，在风险转移中又产生新的风险，这样金融系统中就积累了过度的金融风险。风险的累积会迫使央行采取行动，这样就会影响到基础资产的价格，一旦基础资产的价格发生变化，资产证券化形成的整个链条就会发生断裂，从而导致金融危机。因此，我们在进行资产证券化时，要时时刻刻关注资产证券化形成的风险状况，随时做出调整，加强监管，保护投资者利益。

第八章 金融不稳定的治理

一 金融监管制度

前面几章着重介绍了金融不稳定的内涵，并对金融不稳定进行了量化分析。之后研究了中国的金融改革，重点分析了利率市场化和资产证券化，指出中国的金融改革和金融创新有可能会导致金融不稳定。本章将会梳理金融不稳定的国际治理经验，希望对中国将来有可能出现的极度金融不稳定状态乃至金融危机提供一些建议。

对于金融不稳定的治理，主要还是采用监管措施。下面将以美国为例，简要梳理美国监管的发展历程，论述金融不稳定和金融监管的相互联系。在 20 世纪 30 年代以前，美国处于对银行业较少管制的自由竞争时期。1791 年，美国第一银行成立，这是美国最早的金融管理机构，之后又成立了美国第二银行。1864 年，美国成立了货币监理署（OCC），并通过了《国民银行法》。国民银行需要由货币监理署颁发特许营业执照，同时要接收货币监理署的监管。但是由于当时经济发展的需要和银行体制的特殊性，那个阶段的银行监管相对较少。到了 20 世纪初期，美国联邦储备体系建立，为完善的金融监管提供了基础。20 世纪 30 年代发生了大萧条，极大地影响了社会经济稳定，危机造成了大量的财富损失，而且人们对经济体系也丧失了信任，在这样的背景下，美联储开始承担起真正的银行监管职责。当时的措施主要有通过了《格拉斯－斯蒂格尔法》、1935 年《银行法》、1934 年《证券法》、1934 年《证券交易法》等，建立了存款保险制度。由于当时凯恩斯主义盛行，政府成为市场的积极参与者，当时的监管追求的是全面监管。

到了 20 世纪六七十年代，全面监管与经济发展之间出现了不协调，"滞胀"问题的出现更促使人们反思凯恩斯主义，政府失灵开始越来越多地被人们提及，新经济自由主义极力主张减少国家干预，实行自由主义的经济政策。在这样的背景下，金融自由化的思潮开始蔓延，金融创新和放松监管开始成为主流。1970 年，美联储开始对 10 万美元以上的大额存款自由设置存款利率标志着美国开始放松金融监管。在此之后，美国通过了四部重要的法律——1980 年《存款机构放松管制和货币控制法》、1982 年《存款机构法》、1987 年《银行业平等竞争法》、1988 年《金融机构改革、复兴和实施法》。1999 年《金融服务现代化法》的颁布意味着《格拉斯－斯蒂格尔法》的终止。这一时期，美国的金融得到了迅速发展，金融创新如火如荼，不仅促进了美国的经济发展，还带动了金融全球化的发展。但是，与此同时，美国的各大金融机构纷纷开始业务合并重组，美国出现了不少金融业的巨无霸。随着金融监管的逐渐放松，这些巨无霸开始过度追求金融创新和利润，忽略了风险的控制，造成了多次危机。2007 年美国发生了次贷危机，进而演变成全球性的经济危机。

在 2008 年之后，由于危机的影响，美国的金融监管出现了变化。与 20 世纪 70 年代不同的是，这次的改革是重建监管。2008 年，美国财政部公布了《现代金融监管结构蓝图》，开始了次贷危机后美国金融监管系统的改革。2009 年 3 月 26 日，美国财政部公布了《金融监管改革框架》，提出了四大改革内容：解决系统性风险，保护消费者和投资人的利益，消除监管空白，促进国际监管规则协调一致。2009 年 6 月，奥巴马政府公布了《金融监管改革——新基础：重建金融监管》的改革方案，这份方案将金融监管从过去以单一金融单位为中心的微观审慎监管转变为强调金融企业之间以及整个金融体系的宏观监管。新的监管体系的建立需要五个方面：建立强有力的监管秩序；全方位的综合监管体制；保护在金融机构弱势群体不受到金融危机较大的影响，即金融消费者保护；提高金融监管机构的效率；提倡国际合作，建立一个国际监管体系。可以说，这一方案在保持对市场信任的基础上，确立了金融体系的全面监管原则；与过去相比，强调了金融市场信息的重要性，要求各类金融机构必须及时向监管当局报告信息，以便监管当局掌握其风险状况，在交易过程中，信息披露成为最基本的要求。不仅如此，场外交易也要受到全方位的审慎监管。此外，金融市场的系统性和全球性明确了协调监管的重要性。

从以上的梳理可以看出，美国的金融监管经历了较少管制－全面监管－放松监管－全方位审慎监管的过程。这一过程的演变与美国金融体系的发展密切相关，18 世纪和 19 世纪，美国的经济处于自由竞争阶段，银行业快速发展，虽然在 1791 年和 1816 年分别成立的美国银行和美国第二银行兼具商业银行和中央银行的功能，但是由中央政府管控银行的发展理念与美国崇尚自由的价值体系是不相容的，这两个银行也相继关闭。在这样的价值体系下，只要符合条件，任何人都可以开设银行，而且可以发行货币，这就导致货币滥发，风险剧增。不但如此，1863 年，美国国会通过了《国民银行法》，正式建立了联邦注册银行，规定只有联邦银行才能发行货币，但是，与此同时，联邦银行具有经营性质，和州银行等其他银行之间存在竞争关系，没有专门的机构处理银行危机，在这样的情况下，经过风险的累积，到20世纪初期，银行危机频繁发生，美国联邦储备银行成立。这标志着美国进入了现代银行管制时期，尤其是到20世纪二三十年代大萧条期间，美联储颁布了一系列法令，管制银行业的发展，与经济发展上的凯恩斯主义相对应，美国的金融业发展也进入了全面管制时期。

根据前面的分析可以发现，经济发展和金融发展之间存在相互影响，随着美国战后经济的复苏和腾飞，美国的金融业进入了快速发展时期，但是由于全面管制的存在，美国的金融业已经阻碍了经济的发展。而且"滞胀"的出现也迫使美国开始实行经济自由化的新政，在金融领域的体现主要有两方面，一是美国的金融创新愈演愈烈，金融"脱媒"行为层出不穷；二是与金融创新相呼应的是金融自由化改革，比如，1980年的《存款机构放松管制与货币控制法》以及1982年的《加恩－圣杰曼法案》，逐步取消了利率限制，消除了存贷款限制等，经济自由化和金融自由化相互促进，创造了美国20世纪六七十年代经济的辉煌。

然而美国经济自由化和金融自由化改革在促进经济腾飞的同时，也制造了多次危机，比如，在金融自由化早期，美国有大批的银行出现倒闭现象。这其中既与银行自身经营不善、不能适应激烈竞争的自由化金融环境有关，也和美国大型金融机构的创新和兼并浪潮有关。20世纪末期，在金融创新的帮助下，美国金融机构开始了兼并潮，许多大型金融企业开始吞并其他金融机构，形成了不少金融巨无霸，导致了"太大而不能倒"的困境。而经济自由化之后，美国国民的竞争压力加大，美国的制度安排促使政府实行"居者有其屋"的计划，而这一计划的关键就在于房地美和房利美两大金融机构，而实施的具体措施就是以金融衍生品为代表的金融创新，风险通过金融创新被转移到金融市场上，而金融自由化导致的放松监管又不能及时管控风险，这样的后果就是在 2007 年爆发了次贷危机，并引致了全球性的金融危机和经济危机。

在爆发金融危机之后，美国政府迅速采取行动，确立了全方位审慎监管的原则，金融衍生品等金融创新成为金融监管的对象，而金融监管要实现的目标则由以前的金融效率开始慢慢转向金融消费者保护、金融体系的安全和稳健、金融机构的内部完善等。

从美国监管历史的发展进程来看，监管的发展和完善与经济环境的变化有密切关系，也就是说，监管是动态的，必须随着经济的发展而变化。而从本质上看，金融监管可以说是对金融市场失灵的应对，而为什么要实行金融监管则可以从前文提及的各种金融不稳定理论当中寻找答案。可以说，金融监管的产生是金融不稳定的必然结果。

对中国目前的情况而言，利率市场化已经完成了绝大部分，资产证券化如火如荼地进行。根据本文前面几章的分析，金融过度创新和放松监管是次贷危机和经济危机发生的重要原因，我们必须在鼓励金融创新的同时加强监管。实行动态的宏观审慎监管，并且结合中国金融发展的特殊情形，进行以混业监管为标志的监管改革。

二　存款保险制度

除了进行宏观审慎监管和混业监管外，就中国目前进行的利率市场化改革而言，为了进一步推进改革，尤其是存款利率的市场化改革，需要加强存款保险制度的建设。存款保险制度是市场经济国家银行市场退出机制的一个重要组成部分，是指当吸收存款的机构无力偿还债务时，为保护全部或部分债权人的合法权益、维持金融体系的稳定而借用保险组织形式制定的保护性安排。其本质在于为金融体系提供安全保护，防止存款者因为个别金融机构倒闭而对其他金融机构动摇信心，引起挤兑风潮，造成金融系统的动荡。此处也以美国的存款保险制度的发展为例。

美国的存款保险制度是在大萧条期间建立起来的。1921～1929年，美国平均每年有600家银行倒闭，到20世纪30年代，形势更加恶化，1930年有1350家银行倒闭，1931年有2293家银行倒闭，1932年有1453家银行倒闭，而1933年大萧条的巅峰时期，则有惊人的4000家银行倒闭。1933年6月16日，罗斯福总统签署了1933年《银行法》，其中第八章通过修改《联邦储备法》，建立了联邦存款保险制度。主要内容包括如下几点：财政部和美联储共同出资，创办联邦存款保险公司，明确相关使命和职责；制定联邦存款保险公司为国民银行，投保州注册银行的清算人；创办两个独立的存款保险计划；要求联邦存款保险公司组建没有资本金、存续期限和权力有限的存款保险国民银行，负责赔付被关闭银行的受保存款。临时存款保险基金在大萧条期间起到了重要作用。经过将近两年的运作，美国银行业状况有了明显改善，有90%的商业银行和36%的互助储蓄银行加入存款保险计划，保费也开始可以承担联邦存款保险公司的运作费用和存款人赔付。1934年，9家投保银行倒闭，其中8家为小型银行。1935年，25家投保银行倒闭，相比1933年的4000家有了极大的改善。银行业开始慢慢接受联邦存款保险公司。1935年《银行法》颁布后，存款保险制度就有了很大的改进，第一，确立联邦存款保险公司作为联邦政府的永久性机构；第二，投保银行每年按照0.083%的比例支付保险费；第三，新加入的银行必须满足银行资本充足率、盈利前景等各方面的严格要求；第四，联邦存款保险公司如果发现某银行存在不稳健的经营行为，可以中止该银行的投保资格；第五，检查人员可以对任何投保的州注册非成员银行、任何申请投保的州注册非成员银行以及任何已被关闭的投保州注册银行进行检查；第六，禁止投保的非成员银行分配收益，并限制储蓄存款和定期存款的利率；第七，联邦存款保险公司可以直接或者通过一家现有的银行向存款人进行赔付；第八，扩大联邦存款保险公司处置倒闭银行的权力；第九，授权联邦存款保险公司发行总额不超过9.75亿美元的票据或者债券。与1933年《银行法》比较可以发现，经过两年的实践之后，美国的银行业已经接受了存款保险制度，并且将联邦存款保险公司作为一个永久性的机构，赋予了其对银行重要的检查权力，以及扩大了其处置倒闭银行的权力。在之后的20年中，联邦存款保险公司得到了成功运营，对美国银行业的稳定产生了重大影响。到1950年，为了更好地发挥作用，美国国会颁布了《联邦存款保险法》，加强了联邦存款保险公司的独立性。而20世纪50年代是美国经济严格管制的十年，银行的经营行为都较为谨慎，存款保险制度的运营也较为平稳，到了60年代，存款保险政策有所调整，实际费率和存款保险限额都进行了调整。到了70年代，美国银行业的风险开始逐渐显露。到了80年代，银行倒闭的数目明显增加。1982~1994年，美国共有1617家银行和1295家储贷协会关闭或者被救助，约占同类机构总数的1/6或整个银行体系的20.5%。在这样的背景下，存款保险公司提高了保费率，并且相应的权力也得到了扩大，到21世纪，鉴于存款保险制度和经济发展之间的不协调，美国又对存款保险制度进行了改革，2005年5月，美国国会众议院通过存款保险制度改革议案，主要是增加了存款保险公司的灵活性，可以在更大范围和更长时间内防范金融风险。这些措施对稳定美国的银行体系起到了重要作用。

我国采用的是隐性存款保险制度。即银行的市场退出是由央行或者地方政府买单。这种存款保险制度有产生道德风险的隐患，银行将自身的经营行为与政府绑架在一起，而政府囿于隐性担保，不得不承担银行的激进行为所产生的严重后果，削弱了保护金融消费者的独立性。而且当金融风险发生时，隐性存款保险制度对挤兑和金融风险的传染并没有很好的应对措施，从而影响经济的运行。而且就中国目前的银行体系而言，大型国有银行具有绝对的垄断地位，缺乏深化改革的动力，很难建立起有效的市场化金融服务体系。在这样的背景下，借鉴美国等发达国家的发展经验，构建完善的显性存款保险制度，进而建立系统的市场退出机制，对于改变国有大型银行的垄断地位、增强中小金融机构的发展活力具有重要意义。具体而言，构建完善的显性存款保险制度，需要注意以下几个问题。第一，存款保险制度的设计。显而易见，存款保险制度需要进行顶层设计。从前文对金融稳定的分析可以发现金融稳定是一种特殊的公共产品，是政府的基本职能之一。作为金融安全保护网当中的重要一环，存款保险也应当由政府提供。但是为了能够发挥存款保险的功能，避免发生道德风险，存款保险机构必须有独立性。第二，相关的金融法律法规的完善。存款保险制度不仅仅是成立拥有独立性的存款保险机构，还需要配套的金融法律法规。要通过立法明确存款保险机构的权利和义务，加强对各类金融机构的监管。第三，公众存款保险意识的形成。要在商品消费者保护的基础上，通过舆论宣传，培养公众金融消费保护的意识。在存款等金融行为中，明晰自己的权利和义务，懂得运用法律手段来维护自己的利益。总而言之，完善的存款保险制度需要相关的政府职能部门、立法机构和公众的参与，三方互动才能形成稳定的金融安全防护体系。

以上对金融监管的国际治理经验以美国为例进行了回顾，结合中国的情况进行分析发现需要进行以宏观审慎监管和混业监管为代表的金融监管改革，同时还要建立政府职能部门、立法机构和公众三方参与互动的存款保险体系，只有这样，才能保证中国金融改革的成果，实现金融体系的健康快速发展。

第九章　结论

本书从金融不稳定的现象和原因分析出发，分析中国的金融不稳定状况，构建了金融稳定状况指数，以此为基础，结合中国的经济波动状况和东亚的经济波动状况分析了金融波动和经济波动的相互联系。结果发现从 2005 年 1 月到 2013 年 12 月，中国大概有 15% 的时间处于极度金融不稳定状态，主要集中在 2007~2008 年，在次贷危机以后，中国的金融不稳定状态呈现下降态势，说明我国采取的宏观调控措施取得了一定成效，但值得注意的是，分析货币稳定状况的货币状况指数波动幅度较大，且波动较为频繁。这或许与当时的以政府投资为主要手段的调控措施有关。在对中国的金融稳定状况进行定量分析之后，利用制度经济学的利益集团理论，结合政治银行家的概念，分析了中国金融改革的逻辑，经过理论分析发现只有符合绝大多数人利益的改革才能得以顺利进行，但是当普通民众不了解自己的类型或者改革对自身的影响时，在改革的初期，如果改革能够促进整体利益，那么改革依然能够顺利进行。但是随着时间的推移，当成员得知自己的类型之后，需要对受损民众进行补偿，才能保证改革的顺利进行。

在接下来的分析中，本书对中国金融改革实践进行了理论和案例分析，主要是以利率市场化和资产证券化为例。在理论分析中，结合中国的老龄化背景，利用戴蒙德模型，分析了利率市场化改革的效应，指出利率市场化改革的效应与风险规避系数和不同的养老制度有关。然后梳理了世界上主要国家的利率市场化改革进程，主要有三种类型，以美国、德国为代表的市场驱动型改革，以日本、韩国为代表的政府主导渐进型改革，以阿根廷和俄罗斯为代表的政府主导激进型改革。通过分析这些国家的改革历程发现，市场驱动型和政府主导渐进型改革能够稳定预期，效果较好。不管什么改革路径，在进行利率市场化改革时，都需要稳定的宏观经济运行环境、完善的法律制定和执行机制。在梳理世界上主要国家的利率市场化改革之后，结合中国的实际，分析了中国进行利率市场化改革后，中国政府的职能如何转变以及商业银行、企业等相关主体的变化。具体来说，主要是建立完善的监管体系、增强商业银行的风险管理意识、提高商业银行的管理水平、转变商业银行的经营模式、改变企业融资方式等。

资产证券化是金融改革的重要一环，利率市场化改革提供了一个市场化的、竞争的金融环境，而资产证券化则是在这样一个环境中产生的重要创新。中国资产证券化起步较晚，而且主要是信贷资产证券化。但是从 2005 年开始的信贷资产证券化对整个金融改革而言意义重大。本书首先回顾了中国信贷资产证券化的发展历程，并对信贷资产证券化的影响进行了理论分析，指出信贷资产证券化是一把"双刃剑"。一方面信贷资产证券化提高了资本的配置效率，增强了金融市场的流动性，分散了金融风险。另一方面，资产证券化是将风险在时间和主体层面进行转移，而不是消灭，与此同时，在风险转移的过程中，又积累了风险。因此，资产证券化实际上是加剧了金融系统中的风险积累。资产证券化的这两点效应是政府在推行资产证券化时需要注意的。

中国的利率市场化改革已经到了关键时期，资产证券化也得到了迅猛发展。但是美国的次贷危机以及过去的历次危机都表明金融不稳定是一种常态，而且就目前的金融环境而言，金融过度创新和放松监管是促使金融不稳定演变成金融危机的重要因素，因此中国在进行金融改革的同时，还要关注金融不稳定的治理。本书在第八章以美国为例，梳理了监管制度和存款保险制度的发展历程，根据目前的经济发展态势可以发现，中国需要进行宏观审慎监管以及混业监管改革，并需要建立起政府的相关职能部门、立法机构以及公众三方互动参与的存款保险制度。

参考文献

1. 北京大学中国经济研究中心宏观组：《设计有效的存款保险制度》，《金融研究》2003 年第 11 期，第 1 ~ 16 页。

2. 柴树懋：《短期利率与利率市场化的国际比较研究》，《地方财政研究》2012 年第 6 期，第 42 ~ 46 页。

3. 陈昆亭、龚六堂、邹恒甫：《基本 RBC 方法模拟中国经济的数值试验》，《世界经济文汇》2004 年第 2 期，第 41 ~ 52 页。

4. 陈昆亭、龚六堂：《中国经济增长的周期与波动的研究——引入人力资本后的 RBC 模型》，《经济学（季刊）》2004 年第 3 卷第 4 期，第 803 ~ 818 页。

5. 陈昆亭、龚六堂、邹恒甫：《什么造成了经济增长的波动，供给还是需求：中国经济的 RBC 分析》，《世界经济》2004 年第 4 期，第 3 ~ 11 页。

6. 陈昆亭、周炎、龚六堂：《中国经济周期波动特征分析：滤波方法的应用》，《世界经济》2004 年第 10 期，第 47 ~ 56 页。

7. 陈昆亭、龚六堂：《粘滞价格模型以及对中国经济的数值模拟——对基本 RBC 模型的改进》，《数量经济技术经济研究》2006 年第 8 期，第 106 ~ 117 页。

8. 程传海：《东亚经济协动的研究》，《亚太经济》2007 年第 3 期，第 10 ~ 15 页。

9. 湛柏明、庄宗明：《从中美贸易看美国经济波动对中国经济的影响》，《世界经济》2003 年第 2 期，第 34～39 页。

10. 杜群阳、宋玉华：《东亚经济周期与次区域经济周期存在性检验》，《国际贸易问题》2005 年第 8 期，第 47～52 页。

11. 段银弟：《论中国金融制度变迁中的效用函数》，《金融研究》2003 年第 11 期，第 89～94 页。

12. 方先明、花旻：《SHIBOR 能成为中国货币市场化基准利率吗?》，《经济学家》2009 年第 1 期，第 85～92 页。

13. 国际货币基金组织：《金融稳健指标编制指南》，中国金融出版社，2006。

14. 何德旭、娄峰：《中国金融稳定指数的构建及测度分析》，《中国社会科学院研究生院学报》2011 年第 4 期，第 16～25 页。

15. 贺显南、荆晶：《日韩资产证券化发展及其启示》，《国际经贸探索》2008 年第 8 期，第 41～45 页。

16. 扈企平：《资产证券化：理论与实务》，中国人民大学出版社，2007。

17. 胡新智、袁江：《渐进式改革：中国利率市场化的理性选择——利率市场化的国际经验及其对中国的启示》，《国际经济评论》2001 年第 6 期，第 132～145 页。

18. 黄佳、朱建武：《基于金融稳定的货币框架修正研究》，《财经研究》2007 年第 4 期，第 96～106 页。

19. 黄金老：《利率市场化与商业银行风险控制》，《经济研究》2001 年第 1 期，第 19～28 页。

20. 黄金老：《利率市场化悄然进行》，《国际金融》2011 年第 11 期，第 3～9 页。

21. 江春：《新制度金融学探索》，《经济学动态》2002 年第 6 期，第 13～18 页。

22. 江春、刘春华：《中国利率市场化的新制度金融学探讨》，《财经理论与实践》（双月刊）2003 年第 24 卷第 124 期，第 46 ~ 50 页。

23. 江春、刘春华：《经济转轨国家利率市场化的制度分析》，《武汉大学学报》（哲学社会科学版）2006 年第 59 卷第 1 期，第 46 ~ 53 页。

24. 江春、刘春华：《发展中国家的利率市场化：理论、经验及启示》，《国际金融研究》2007 年第 10 期，第 47 ~ 53 页。

25. 江春、吴小平：《制度质量与利率市场化——来自跨国数据的实证研究》，《世界经济研究》2010 年第 4 期，第 14 ~ 19 页。

26. 江春、许立成：《金融发展的政治经济学》，《财经问题研究》2007 年第 8 期，第 43 ~ 47 页。

27. 江春、许立成：《金融监管与金融发展：理论框架与实证检验》2005 年第 4 期，第 79 ~ 88 页。

28. 蒋丽丽、伍志文：《资本外逃与金融稳定：基于中国的实证检验》，《财经研究》2006 年第 3 期，第 93 ~ 102 页。

29. 李浩、胡永刚、马知遥：《国际贸易与中国的实际经济周期——基于封闭与开放经济的 RBC 模型比较分析》，《经济研究》2007 年第 5 期，第 17 ~ 26 页。

30. 李佳：《金融稳定向不稳定的演变路径——以资产证券化为分析视角》，《财经科学》2013 年第 5 期，第 1 ~ 9 页。

31. 李佳、王晓：《资产证券化对金融稳定影响的研究评述》，《河南师范大学学报》（哲学社会科学版）2010 年第 1 期，第 129 ~ 132 页。

32. 李庆水：《从国际视角看利率市场化进程中的监管作用》，《新金融》2013 年第 1 期，第 25 ~ 29 页。

33. 李雪莲、张运鹏：《监管独立与金融稳定》，《财经问题研究》

2003 年第 6 期，第 28～32 页。

34. 李焰：《关于利率与我国居民储蓄关系的探讨》，《经济研究》1999 年第 11 期，第 39～46 页。

35. 梁志峰：《资产证券化的金融创新理论研究综述》，《南华大学学报》（社会科学版）2006 年第 7 卷第 3 期，第 21～24 页。

36. 刘丹、吴玉立、乔志诚：《股权分置改革的进一步分析：制度变迁视角》，《南方金融》2007 年第 3 期，第 50～54 页。

37. 刘锋、王敬伟：《加拿大金融监管框架及对我国金融监管的启示》，《金融研究》2004 年第 1 期，第 87～97 页。

38. 刘仁武、吴竞泽：《金融监管、存款保险与金融稳定》，中国金融出版社，2005。

39. 刘锡良、李镇华：《我国经济波动与金融稳定》，《上海金融学院学报》2005 年第 5 期，第 4～13 页。

40. 陆磊：《信息结构、利益集团与公共政策：当前金融监管制度选择中的理论问题》，《经济研究》2000 年第 12 期，第 3～10 页。

41. 陆磊、李世宏：《中央－地方－国有银行－公众博弈：国有独资商业银行改革的基本逻辑》，《经济研究》2004 年第 10 期，第 45～55 页。

42. 罗金生：《金融制度渐进变迁中的"政治银行家"》，《经济社会体制比较》（双月刊）2002 年第 4 期总第 102 期，第 93～97 页。

43. 江世银：《论信息不对称条件下的消费信贷市场》，《经济研究》2000 年第 6 期，第 19～26 页。

44. 蒋海、刘少波：《金融监管理论及其新进展》，《经济评论》2003 年第 1 期，第 106～111 页。

45. 孔丽娜、郑新：《拉美国家利率市场化经验及对我国的启示》，

《国际金融》2011 年总第 216 期，第 42～46 页。

46. 马胜杰：《从国际经验看中国的利率市场化改革》，《世界经济》2001 年第 1 期，第 56～60 页。

47. 毛寿龙：《中国政府体制改革的过去与未来》，《江苏行政学院学报》2004 年第 2 期，第 87～92 页。

48. 美国金融危机调查委员会：《美国金融危机调查报告》，中信出版社，2012。

49. 齐天翔：《经济转轨时期的中国居民储蓄研究——兼论不确定性与居民储蓄的关系》，《经济研究》2000 年第 9 期，第 25～33 页。

50. 齐天翔、李文华：《消费信贷与居民储蓄》，《金融研究》2000 年第 2 期，第 111～116 页。

51. 钱小安：《存款保险的道德风险、约束条件与制度设计》，《金融研究》2004 年第 8 期，第 21～27 页。

52. 阙方平：《有问题银行的市场退出：几个相关问题研究》，《金融研究》2001 年第 1 期，第 69～75 页。

53. 邵伏军：《利率市场化改革的风险分析》，《金融研究》2004 年第 6 期，第 90～103 页。

54. 沈炳熙：《资产证券化与金融改革》，《金融研究》2006 年第 9 期，第 104～117 页。

55. 沈中华、谢孟芬：《资本流入与银行脆弱性——跨国比较》，*Journal of Financial Studies*，Vol. No. 3，2000，pp. 1－45。

56. 盛朝晖：《从国际经验看利率市场化对我国金融运行的影响》，《金融理论与实践》2010 年第 7 期，第 41～45 页。

57. 宋玉华、徐前春：《世界经济周期理论的文献述评》，《世界经济》2004 年第 6 期，第 66～76 页。

58. 苏宁：《借鉴国际经验，加快建立适合中国国情的存款保险制度》，《金融研究》2005 年第 12 期，第 1～5 页。

59. 孙旭：瑞银证券 UBS Investment Research，2012 年 8 月 28 日。

60. 泰翰·菲兹罗、楠斯·颇特、艾得·泰科斯：《中国的利率市场：比较和借鉴》，《新金融》2010 年第 10 期，第 4～9 页。

61. 汤铎铎：《三种频率选择滤波及其在中国的应用》，《数量经济技术经济研究》2007 年第 9 期，第 144～156 页。

62. 唐圣玉：《美国存款保险制度的发展历程及启示》，《河南金融管理干部学院学报》2006 年第 3 期，第 32～36 页。

63. 万广华、张茵、牛建高：《流动性约束、不确定性与中国居民消费》，《经济研究》2001 年第 11 期，第 35～44 页。

64. 王春艳：《发达国家利率市场化改革对我国的启示》，《大连大学学报》2003 年第 3 期，第 79～80 页。

65. 王国松：《中国的利率管制和利率市场化》，《经济研究》2001 年第 6 期，第 13～20 页。

66. 王晋斌、于春海：《中国利率市场化改革的可能路径》，《金融研究》2007 年第 12 期，第 79～87 页。

67. 王廷科：《利率市场化效应与我国商业银行的应对策略研究》，《财贸经济》2003 年第 9 期，第 13～18 页。

68. 王玉宝：《金融形势指数（FCI）的中国实证》，《上海金融》2005 年第 8 期，第 29～32 页。

69. 王自力：《金融稳定和货币稳定关系论》，《金融研究》2005 年第 5 期，第 1～11 页。

70. 王自力：《FDIC 经验与我国存款保险制度建设》，《金融研究》2006 年第 3 期，第 124～130 页。

71. 汪小亚、卜永祥、徐燕：《七次降息对储蓄、贷款及货币供应量影响的实证分析》，《经济研究》2000 年第 6 期，第 11～18 页。

72. 吴涛：《我国利率市场化改革中的金融安全问题分析》，《金融研究》2002 年第 11 期，第 59～65 页。

73. 万晓莉：《中国 1987－2006 年金融体系脆弱性的判断与测度》，《金融研究》2008 年第 6 期，第 80～93 页。

74. 伍志文：《金融一体化和金融脆弱性：跨国比较研究》，《经济科学》2008 年第 6 期，第 78～90 页。

75. 夏斌：《再论中国经济改革：顶层设计、逻辑，行动框架》，《价格理论与实践》2013 年第 2 期，第 5～11 页。

76. 肖欣荣、伍永刚：《美国利率市场化对银行业的影响》，《国际金融研究》2011 年第 1 期，第 69～75 页。

77. 谢平：《经济制度变迁与储蓄行为》，《财贸经济》2000 年第 10 期，第 15～20 页。

78. 谢平、王素珍、闫伟：《存款保险的理论研究与国际比较》，《金融研究》2001 年第 5 期，第 1～12 页。

79. 谢平、陆磊：《利益共同体的胁迫与共谋行为：论金融监管腐败的一般特征与部门特征》，《金融研究》2003 年第 7 期，第 1～15 页。

80. 谢平、袁沁敔：《利率政策利率与实践》，《金融研究》2000 年第 2 期，第 37～50 页。

81. 谢平、袁沁敔：《我国今年利率政策的效果分析》，《金融研究》2003 年第 5 期，第 1～13 页。

82. 许东江：《中国居民、银行、企业对利率市场化的理性反应：利率市场化发挥积极效应的一种思路》，《世界经济》2002 年第 5 期，第 69～75 页。

83. 徐高：《利率市场化准备仓促》，《资本市场》2013 年第 6 期，第 107～110 页。

84. 徐加根：《金融制度改革中利益集团作用机制研究》，西南财经大学出版社，2012。

85. 徐爽、李宏瑾：《一个利率市场化的理论模型》，《世界经济》2006 年第 6 期，第 13~22 页。

86. 宣昌能、王信：《金融创新与金融稳定：欧美资产证券化模式的比较分析》，《金融研究》2009 年第 5 期，第 35~46 页。

87. 阎素仙：《论日本的利率市场化及其对中国的启示》，《管理世界》2009 年第 3 期，第 184~185 页。

88. 杨帆、张弛：《利益集团理论研究：一个跨学科的综述》，《管理世界》2008 年第 3 期，第 159~164 页。

89. 叶永刚等：《宏观金融工程：理论卷》，高等教育出版社，2011。

90. 易纲：《中国改革开放三十年的利率市场化进程》，《金融研究》2009 年第 1 期，第 1~14 页。

91. 易宪容：《美国金融业监管制度的演进》，《世界经济》2002 年第 7 期，第 33~40 页。

92. 尹继志：《从美日经验分析利率市场化对中国的影响》，《亚太经济》2011 年第 3 期，第 25~30 页。

93. 余斌：《从美国次贷危机看金融创新的风险问题》，《经济纵横》2008 年第 12 期，第 25~27 页。

94. 于凤坤：《资产证券化：理论与实务》，北京大学出版社，2002。

95. 赵保国：《关于我国存款保险制度建立的思考》，《中央财经大学学报》2010 年第 1 期，第 45~48 页。

96. 张超英：《证券化的一种理论探析》，《数量经济技术经济研究》2001 年第 12 期，第 71~74 页。

97. 张超英：《关于资产证券化动因的理论探析》，《财贸经济》2003 年第 6 期，第 25~28 页。

98. 张超英：《对金融资产证券化经济学意义的再认识》，《财贸经济》2002 年第 11 期，第 17~20 页。

99. 张礼卿:《金融自由化与金融稳定》,人民出版社,2005。

100. 张健华:《利率市场化的全球经验》,机械工业出版社,2013。

101. 钟锦:《利率市场化与商业银行利率风险管理》,《当代经济科学》2003 年第 6 期,第 28～30 页。

102. 中国社科院金融所课题组:《西方金融监管改革的动向、趋势与中国金融监管改革再审视》,《经济学动态》2009 年第 11 期,第 22～28 页。

103. 邹进文、高华云:《经济学视野中的利益集团》,《中南财经政法大学学报》2007 年第 5 期,第 26～30 页。

104. Adam, Financial Stability Indicators: Advantages and Disadvantages of Their Use in the Assessment of Financial System Stability. Prague Economic paper, 2008 (2).

105. Aspachs O. , Goodhart C. , Segoviano M, et al. Searching for a Metric for Financial Stability LSE Financial Markets Groups Special Paper Series, 2006.

106. Andrew Crockett, Why is Financial Stability a Goal of Public Policy? Paper for Federal Reserve Bank of Kansas City's 1997 Symposium, Aug 1997.

107. Asli Demirguc-Kunt, "Financial liberalization and financial fragile", IMF Working Paper, 1998.

108. Asli Demirguc-Kunt, Detragiache, "Does Deposit Insurance Increase Banking System Stability? An Empirical Investigation", Policy Research Working Paper, No. 2247 World Bank, 2000.

109. Asli Demirguc-Kunt, Tolga Sobaci, "Deposit Insurance around the World", *The World Bank Economic Review*, Vol. 15, No. 3, 2001, pp. 481 – 490.

110. Backus, Kehoe and Kydland, "International Real Business Cy-

cles", *The Journal of Political Economy*, Vol. 100, No. 4, 1992, pp. 745 – 775.

111. Backus, Kehoe and Kydland, International Business Cycles: Theory vs Evidence, 1995.

112. Blejer I. M. , Schumacher L. , Central Bank Vulnerability and the Credibility of Commitments: A Value-at-Risk Approach to Currency Crises, IMF Working Paper, No. 98/65, 1998.

113. Bennett T. McCallum, Monetary Policy Rules and Financial Stability, NBER Working Paper, April 1994.

114. Bernanke, Woodford, "Inflation Froecasts and Monetary Policy", NBER Working Paper, No. 6157, 1997.

115. Cecchetti, Krause, "Financial Structure, Macroeconomic Stability and Monetary Policy", NBER Working paper, No. 8354, 2001.

116. Charles Goodhart, Carolina Osorio, Dimitrios Tsomocos CESIFO Working paper, No. 2885, Dec 2009.

117. Chernykh, Rebel Cole, "Does Deposit Insurance Improve Financial Intermediation? Evidence From the Russian Experiment", *Journal of Banking and Finance*, Vol. 35, 2011, pp. 388 – 402.

118. Clarida, Gali, Gerlter, "Monetary Policy Rules in Practice: Some International Evidence", NBER Working Paper, No. 6254, 1997.

119. Claudio Borio, Philip Lowe, Asset Pices, Financial and Monetary Stability: Exploring the Nexus, BIS Working paper, No. 114, July 2002.

120. Claudio Borio, Mathias Drehamann, Towards an Operational Framework for Financial Stability: 'Fuzzy' Measurement and its Consequences, BIS Working paper, No. 284, June 2009.

121. Claudio Borio, William English, Andrew Filardo, A Tale of Two Perspectives: Old or New Challenges for Monetary Policy, BIS

Working paper, No. 127, Feb 2003.

122. Claudio Borio, William White, Whither Monetary and Financial Stability? the Implication of Evolving Policy Regimes, BIS Working paper, No. 147, Feb 2004.

123. Charles Goodhart, Boris Hofmann, Asset Prices and the Conduct of Monetary Policy, Working paper.

124. Charles Goodhart, Fianncia Regulation, Credit Risk and Finaical Stabiltiy, National Institute Economic Review, No. 192, April 2005, pp. 118 – 127.

125. Christopher Kent, Philip Lowe, Asset-Price Bubbles and Monetary Policy, Research Discussion paper 9709, Reserve Bank of Australia, Dec 1997.

126. Crockett A. , The Theory and Practice of Financial Stability, Essays in International Finance, 1997, 203, pp. 531 – 568.

127. Cornelius P. , "Trade in Financial Service, Capital Flows and the Value-at-Risk of Countries", The World Economy, 2000 (5), pp. 649 – 672.

128. Cull, Senbet, Sorge, "The Effect of Deposit Insurance on Financial Depth: A Cross-Country Ananlysis". The Quarterly Review of Economics and Finance, Vol. 42, 2002, pp. 673 – 694.

129. Diamond, "Financial Intermediation and Delegated Monitoring", Review of Economic Studies, Vol. 51, 1984, pp. 393 – 414.

130. Diamond, Dybvig, "Bank Runs, Deposit Insurance, and Liquidity", Journal of Political Eonomy, 1983 (91), pp. 401 – 419.

131. Edward Kane, Asli Demirguc-Kunt, 2001, "Deposit Insurance Around the Globe: Where Does It Work?", NBER Working Paper.

132. Estrella, Mishkin, "The Yield Curve as a Predictor of US Reces-

sions", Current Issues in Econnomics and Finance, Vol. 2, 1996.

133. Fell J. , Schinasi C. , "Assessing Financial Stability Exploring the Boundaries of Analysis", *National Institute Economic Review*, 2005 (192), pp. 682 – 697.

134. Finn E. Kydland, Edward C. , Prescott Time to Build and Aggregate Fluctuations Econometric, Vol. 50, No. 6, 1982, pp. 1345 – 1370.

135. Fry M. , "Money and Capital or Financial Deepening in Economic Development", *Journal of Money, Credit and Banking*, Vol. 10, No. 4, 1978, pp. 464 – 475.

136. Friedman, Kuntter, "Money, Income, Prices, and Interest Rates", *The American Economic Review*, Vol. 82, No. 3, 1992, pp. 472 –492.

137. Gelb, "Financial Policies, Growth and Efficiency", World Bank Working Paper, 1989.

138. Gennote G, D. Pyle, "Capital Controls and Bank Risk", *Journal of Banking and Finance*, Vol. 15, 1991, pp. 805 – 841.

139. Graciela Kaminsky, Reinhart, "Financial Crises in Asia and Latin America: Then and Now", *American Economic Review*, 2000, 88 (2), pp. 444 – 448.

140. Greenwood, Jeremy, Zvi Hercowitz and Gregory Huffman, "Investment, Capacity Utilization and the Real Business Cycle", *American Economic Review*, 1988 (78), pp. 402 – 417.

141. Gianluca Benigno and Christoph Thoenissen, "Consumption and Real Exchange Rates with Incomplete Markets and Non-traded Goods", *Journal of International Money and Finance*, 2008 (27), pp. 926 – 948.

142. Haldane, Hoggarth, Saporta, Assessing Financial System Stability, Efficiency and Structure ate the Bank of England, 2001, BIS

Paper No. 1.

143. Hafedh Bouakez, Emanuela Cardia and Francisco J. , Ruge-Murcia Sectoral Price Rigidity and Aggregate Dynamics, 2009 Working Paper.

144. Hellmann, T. , Murdock. K, Stiglitz, J. , "Financial Restraint: ToWards a New Paradigm Published in ' The Role of Government in East Asian Economic Development Comparative Institutional Analysis", M. Aoki H-K Kim & M. Okuno-Fujiwara, eds Clardendon Press: Oxford, 1997, pp. 163 – 207.

145. Honohan, Klingebiel, "The Fiscal Cost Implications of an Accommodating Approach to Banking Crises", Journal of Banking and Finance, Vol. 27, 2003, pp. 1539 – 1560.

146. Isabel Corriea, Joao C. , Neves and Sergio Rebelo, "Business Cycles in a Small Open Economy", European Review, 39 (1995), pp. 1089 – 1113.

147. Jan Willem van den End, Indicatior and Boundaries of Financial Stability, DNB Working Paper, No. 97/2006.

148. Jan Willem van den End, Tabbae M. , Measuring Financial Stability Applying the MfRisk Model to the Netherlands, DNB Working paper, No. 30/2005.

149. John Driffill, Zeno Rotondi, Paolo Savona, Cristiano Zazzara, "Monetary Policy and Financial Stability: What Role for the Future Market?", Journal of Financial Stabiltiy, 2 (2006), pp. 95 – 112.

150. Jonathan Heathcote Fabrizio Perri, The International Diversification Puzzle is not as bad as you Think, April 2008, Working Paper.

151. Marianne Baxter, Mario J. , Crucini Business Cycles and the Asset Structure of Foreign Trade, NBER Working Paper, No. 4975.

152. Mario J. Crucini, International Real Business Cycles, 2006 July, Working Paper.

153. McCallum, 1983, "Reconsideration of Sims. Evedence Concerning Monetarism", Economics Letters, pp. 67 – 71.

154. McKinnon, R. , Money and Capital in Economic Development, Washington, The Brookings Institutions, 1973.

155. Mendoza, "Real Business Cycles in a Small Open Economy", *The American Economic Review*, Vol. 81, No. 4, Sep 1991, pp. 797 – 818.

156. Mendoza, "The Terms of Trade, The Real Exchange Rate and Economic Fluctuation", *International Economic Review*, Vol. 36, No. 1, Feb 1995, pp. 101 – 137.

157. Mendoza and Uribe, Devaluation Risk and the Business-cycle Implications of Exchange-rate Management Carnegie-Rochester, Conference Series on Public Policy, 2000 (53), pp. 239 – 296.

158. Merton R. , "On the Pricing of Contingent Claims and the Modigliani-Miller Theorem", *Journal of Finance*, 1974, 29 (2): 449 – 470.

159. Michael D. Bordo, David C. Wheelock, Price Stability and Financial Stability: the Historical Reord Federal Reserve Bank of St Louis Review, Sep 1998.

160. Michael D. Bordo, Michael J. Dueker, David C. Wheelock, Aggregate Price Shocks and Financial Instability: An Historical Analysis, NBER Historical Paper, No. 125, 2000.

161. Mishkin, Anatomy of a Financial Crisis, NBER Working Paper, No. 3934, 1991.

162. Morales R. , Schumacher L. , Market Volatility as a Financial Soundness Indicator: an Application to Israel, IMF Working Paper No. 03/47, 2003.

163. Otmar Issing, Monetary and Financial Stability: Is there a trade-off? Conference on "Monetary Stability, Financial Stability and Business Cycle", Mar 2003.

164. Otmar Issing, In Search of Monetary Stability: the Evolution of Monetary Policy, BIS Working paper, No. 273, Mar 2009.

165. Padoa-Schioppa, Central Banks and Financial Stability: Exploring a land in Between, The Transformation of the European Financial System, ECB 2003.

166. Patrick J. Kehoe and Fabrizio Perri, International Business Cycles With Endogenous Incomplete Markets Econometric, 2002 (70), pp. 907 – 928.

167. Robert E, Lucas, Methods and Problems in Business Cycle Theory Journal of Money, Credit, and Banking, Vol. 12, No. 4, 1980, pp. 696 – 715.

168. Schinasi G. , Defining Financial Stability, IMF Working Paper No. 04/187. 2004.

169. Shaw, E. , Financia Deepening in Economic Development, New York, Oxford University Press, 1973.

170. Steve Ambler, Emanuela Cardia and Christian Zimmermann, International Transmission of the Business Cycle in a Multi-sector Model, European Economic Review, 46 (2002), pp. 273 – 300.

171. Steve Ambler, Emanuela Cardia; Christian Zimmermann International Business Cycles: What are the facts? Journal of Monetary Economics, 2004 (51), pp. 257 – 276.

172. Taylor, "Discretion versus Policy Rules in Practice", Carnegie-Rochester Conference Series on Public Policy, Vol. 39, 1993, pp. 195 – 214.

后　记

本书是在很多人的指导和帮助下完成的，需要感谢的人很多。

山东大学黄少安教授对于本书的完成倾注了心血。跟随黄少安教授读书期间，黄老师鼓励我做自己感兴趣的研究，还推荐我去加拿大交流学习。在写作过程中，黄老师从思路、框架、方法等方面都悉心指导。在跟随加拿大卡尔顿大学的张建康教授学习期间，他鼓励我积极参加各种研讨会，同时还从经济学研究方法、国外的最新研究动态等方面给予指导，使我获益匪浅。硕士期间的导师陈昆亭教授带我走进经济学研究的神圣殿堂。叶海云老师教授的微观经济学、孙经纬老师教授的宏观经济学、孙圣民老师和郭艳茹老师的制度文献选读、谢志平老师的博弈论等很多老师的课程，让我懂得了经济学的研究方法。

此外还有研究生阶段的同学们，王安、王晓文、张琳、朱德进、马运全、张肇中等诸位同学，是在和他们的讨论，甚至是辩论当中，共同解决面对的学术问题。

2014年7月进入河南大学后，河南大学中原发展研究院耿明斋院长在本书的完成中也给予了关注和指导，此外在和中原发展研究院、新型城镇化与中原经济区建设河南省协同创新中心的老师和同学们交流过程当中，我也收获了很多，不能一一列举，一并表示感谢。

最后，我要感谢我的家人。他们是我最大的支撑。感谢我读博时期的女朋友，现在的妻子李行一女士，她的关心、包容和鼓励是我不断前行的巨大动力。要感谢的人太多太多，千言万语也难说尽感谢，只能在今后的工作和生活中，铭记感恩，不断努力。

纪鸿超

2018 年 9 月 3 日

图书在版编目（CIP）数据

金融不稳定条件下的中国金融改革分析／纪鸿超著
. -- 北京：社会科学文献出版社，2018.9
（传统农区工业化与社会转型丛书）
ISBN 978 - 7 - 5201 - 2332 - 7

Ⅰ. ①金⋯　Ⅱ. ①纪⋯　Ⅲ. ①金融改革 - 研究 - 中国
Ⅳ. ①F832.1

中国版本图书馆 CIP 数据核字（2018）第 037921 号

传统农区工业化与社会转型丛书
金融不稳定条件下的中国金融改革分析

著　　者／纪鸿超

出 版 人／谢寿光
项目统筹／邓泳红　吴　敏
责任编辑／宋　静

出　　版／社会科学文献出版社·皮书出版分社（010）59367127
　　　　　地址：北京市北三环中路甲29号院华龙大厦　邮编：100029
　　　　　网址：www. ssap. com. cn
发　　行／市场营销中心（010）59367081　59367018
印　　装／三河市尚艺印装有限公司

规　　格／开　本：787mm × 1092mm　1/16
　　　　　印　张：13.5　字　数：166千字
版　　次／2018 年 9 月第 1 版　2018 年 9 月第 1 次印刷
书　　号／ISBN 978 - 7 - 5201 - 2332 - 7
定　　价／79.00 元

本书如有印装质量问题，请与读者服务中心（010 - 59367028）联系